Избранные отрывки из
трудов каббалистов на тему

Вера выше знания

1. Рабаш. Статья 236 "Вся земля полна славой Его"

Прежде, чем человек готов постичь истину, он должен верить, что истина не соответствует мере его знания и его ощущения, а она находится в свойстве: «Глаза у них, но не видят; уши у них, но не слышат» (Теилим 115). И это только по причине исправления, для того, чтобы человек пришел к своему совершенству, поскольку он ощущает только себя и не чувствует другую реальность. Поэтому, если человек обратит свое сердце к тому, чтобы стараться идти верой выше разума, таким образом подготавливая и исправляя себя, чтобы прийти к раскрытию лика (Творца). Как приведено в книге Зоар, когда святая Шхина сказала рабби Шимону бар Йохаю: «Нет места, чтобы скрыться от тебя». Другими словами, в любых видах скрытия, которые (человек) ощущал, он верил, что здесь есть свет Творца, и это подготовило его, пока не пришел к раскрытию лика света Творца. И этим измеряется величина веры, которая выводит человека из разного вида падений и скрытий, если человек укрепляется в ней и просит у Творца, чтобы Он раскрыл себя.

2. Рабаш. Статья 6 (1989) "Что такое "выше знания" в духовной работе"

Понятие вера выше знания в работе означает, что нужно верить, хотя разум и не видит, что это так, и есть у него много доказательств тому, что это не так, как ему хотелось бы верить. И это и называется вера выше знания. То есть он говорит, что верит, как будто видит это внутри знания – это называется "верой выше знания" в работе.

Это огромная работа, которую человек принимает на себя – и это против его знания. То есть тело не согласно на это, но он все равно принимает на себя, как будто это находится в его знании. И для такой веры нужна помощь от Творца. Поэтому о вере в таком виде человек должен молиться, чтобы Творец дал ему силы уподобиться Ему, как будто он уже постиг это в собственном знании. То есть он не должен молиться Творцу, чтобы дал ему понять все внутри знания, а необходимо молиться Творцу, чтобы дал ему силы принять веру выше знания, будто это находится в знании.

3. Рабаш. Статья 28 (1987) "Что значит "не прибавляйте и не убавляйте" в духовной работе"

Человек должен верить выше знания и представлять себе, как будто уже удостоился веры в Творца, ощущения Его в своих органах, и видит и чувствует, что Творец управляет всем миром, как Добрый и Творящий добро. А также, когда человек смотрит внутри знания и видит обратное, он все-таки должен работать выше знания. И чтобы в его глазах это было подобно тому, как будто уже ощущается в его органах, что это действительно так, что Творец управляет миром, как Добрый и Творящий добро. И здесь он обретает важность цели, и отсюда получает жизнь, т.е. радость того, что есть сближение с Творцом. И есть у человека место, чтобы сказать, что Творец Добр и Творит добро. И человек чувствует, что есть у него силы сказать Творцу: «Ты избрал нас из всех народов, возлюбил нас и возжелал нас», потому что есть у него за что возблагодарить Творца. И в соответствии с тем, насколько он чувствует важность духовного, он восхваляет Творца.

4. Рабаш. Статья 6 (1991) "Что такое "пастухи стада Аврама и пастухи стада Лота" в духовной работе"

Именно благодаря вере выше знания, когда даже ощущая мрак на пути, несмотря на это он понимает, что если бы малхут светила ему в раскрытии, а не в скрытии, и тело бы ощущало величие Творца, то тогда ему, разумеется, было бы легко продвигаться и удостоиться всегда пребывать в состоянии духовной работы. И тогда не было бы у него никаких падений. Но все таки он выбирает идти выше знания.

5. Рабаш. Статья 38 (1990) "Что значит: "Чаша благословения должна быть полной" в духовной работе"

В то время, когда человек способен идти с закрытыми глазами выше знания, верить в мудрецов, идти до конца, он называется зародышем. Плод, зародыш (определение из ТЭС):

«Ступень малхут - самая маленькая и ограниченная в своих возможностях, называется ибур, зародыш, и это означает гнев и суды, как сказано «разгневался Творец на меня за вас». И нужно объяснить понятия гнев и суды. Поскольку человек должен идти с закрытыми глазами выше знания, а его тело сопротивляется этой работе, поэтому то, что человек должен всегда преодолевать гнев, ярость и страдание, это очень тяжелая работа, идти, преодолевая, отменять себя перед высшим, чтобы высший сделал из него то, что он хочет. Это называется зарождением – самым маленьким и ограниченным в возможностях состоянием.

6. Рабаш. Статья 22 (1985) "Вся Тора - это одно святое Имя"

Всякое преодоление в работе называется продвижением в работе Творца, как монета к монете собирается в крупную сумму, так и преодоления собираются до определённой степени, нужной, чтобы стать сосудом для получения высшего наслаждения. Преодоление означает, что берём часть сосуда получения и вводим в сосуд отдачи. И это подобно экрану, который нужно поставить на "авиют". Получается, что если нет у него желания получать, - не на что ему делать экран. Поскольку злое начало посылает человеку посторонние мысли, это подходящее состояние поднимать эти мысли до уровня " выше знания". И так человек может поступать с каждым желанием, которое пожелает его душа, то есть не говорить, что у него отняли работу, а должен сказать, что свыше ему даны желания и мысли для того, чтобы у него было место внести их в святость.

7. Рабаш. Статья 5 "Намеренные прегрешения становятся заслугами"

Когда пламя связано с фитилем, т.е. посторонние мысли называются фитилем, который желает использовать испорченные свойства для своей работы. Это означает, что чуждая мысль дает ему понять, что с точки зрения разума и знания ему нечего делать в духовной работе. И когда он получает постороннюю мысль и говорит, что не хочет оправдывать никакие уловки, что то, что говорит его знание, верно, только он идет путем веры, которая выше знания. Получается, что пламя веры связано с фитилем чуждой мысли. Получается, что только сейчас он может выполнить заповедь веры, как подобает. Получается, что трудности становятся его заслугами, ведь иначе (он) не мог бы получить никаких заслуг с точки зрения веры. И это называется "радуются в страданиях". Несмотря на то, что он страдает от того, что чуждая мысль огорчает его и вызывает злословие, сплетни и клевету о духовной работе, в любом случае он доволен, что теперь может сделать хоть что-то в вере выше знания. И это называется "радость заповеди".

8. Бааль Сулам. Шамати 19.
"Творец ненавидит эгоизм"

Нечего человеку сетовать, что вынужден работать со своим желанием получать, когда оно мешает человеку в работе, и конечно бы ему хотелось, чтобы желание получать исчезло из тела и не донимало его своими вопросами, не мешая ему исполнять Тору и заповеди. Но нужно человеку верить, что это свыше указывают его желанию получать создавать ему помехи в работе, ведь таким образом Творец дает ему силу раскрыть свое желание насладиться. И именно когда пробуждается его желание получать, возникает у него возможность работать над укреплением связи с Творцом, чтобы помог человеку обратить желание наслаждаться в намерение ради отдачи. И должен человек верить, что этим доставляет удовольствие Творцу, когда просит приблизить его к слиянию с Творцом, означающему подобие свойств и отмену желания получать, чтобы работать на отдачу. И об этом сказал Творец: «Победили Меня сыны Мои». То есть Я дал вам желание получать, а вы просите Меня дать вместо него желание отдавать.

> **9.** Рабаш. Статья 36 (1989) "Что означает: "Ибо в этом ваша мудрость и разум в глазах народов" в духовной работе"

Человек так должен говорить народам мира (внутри него), среди которых он находится: «Знайте, что все, о чем вы говорите - верно, согласно разуму вы правы, и мне нечего вам ответить. Однако дана нам работа выше знания, и нам нужно верить выше знания в то, что вы не правы. И поскольку работа в вере должна быть выше знания, то я вас благодарю за ваши верные утверждения, которые вы мне приводите». Можно сказать, что человек идёт выше знания только когда у него имеются разум и знания, и тогда возможно говорить о том, что он идёт выше знания. Понятие «выше знания» означает, что этот путь ему более важен, чем иной путь, который внутри знания. Однако когда у него нет иного пути, который бы ему говорил: «Иди этим путём», то невозможно сказать, что он выбрал путь веры выше знания. Поэтому именно в силу веры выше знания возможно победить мнения народов мира, находящихся внутри человека.

10. Бааль Сулам. Шамати
13. "Суть граната"

Опустошенность относится к безжизненному месту. (Как сказано: «Землю подвесил в пустоте».) И чем больше возвышается человек над знанием, тем больше заполняется это опустошенное место. То есть пустоту заполняют возвышением, идя верой выше знания. Нужно просить Творца дать нам силы для возвышения. Ведь создана пустота и дана человеку не для того, чтобы ощущал свою опустошенность, а чтобы заполнил ее величием Творца и все принял верой выше знания. О чем сказано: «И сделал Творец так, чтобы трепетали пред Ним». Все пустые мысли, приходящие к человеку, даются лишь для того, чтобы он понял необходимость принять на себя веру выше знаний. Но для этого нужна помощь Творца, и должен человек просить Его, чтобы дал ему силу идти выше знания. И именно тогда человек вознуждается в помощи Творца, ведь его внешний разум всегда будет подсказывать ему обратное. И нет другого выхода, как просить Творца об этом, ведь сказано, что эгоизм человека побеждает его всякий раз, и без помощи Творца сам человек не способен его превозмочь. И лишь тогда человек понимает, что никто не может помочь ему, кроме Творца, то есть «сделал Творец так, чтобы трепетали пред Ним». Трепет же означает веру, ведь только тогда человек нуждается в спасении Творца.

11. Бааль Сулам. Шамати 14. "Что такое величие Творца"

Возвеличить Творца – означает, что нужно просить у Него, чтобы дал силу идти верой выше знания. И есть два объяснения возвеличивания Творца:

1) Не наполняться знаниями, разумом, с помощью которого человек сможет ответить на свои вопросы, а

желать, чтобы Творец ответил на его вопросы. И это называется возвеличиванием Творца, поскольку любой разум дается свыше, а не исходит от человека. А все, что человек может объяснить сам – он объясняет с помощью внешнего разума. Другими словами, эгоистическое желание понимает, что стоит соблюдать Тору и заповеди, в то время как вера выше знания обязывает человека работать, то есть идти вопреки знаниям эгоистического желания.

2) Возвеличиванием Творца является то, что Творец становится необхо-

дим человеку, чтобы получить ответы на свои вопросы.

Поэтому:

1) Человек должен идти верой выше знаний, тогда он видит, что опустошен и тогда вознуждается в Творце.

2) Только Творец может дать человеку эту силу – идти верой выше знаний.

То есть то, что дает Творец, и называется величием Творца.

12. Бааль Сулам. Шамати 16.
"День Творца и ночь Творца"

Сказано: «Горе вам, жаждущим дня Творца! Зачем он вам? Ведь это тьма для вас, а не свет!». Если человек действительно ждет дня Творца, он ожидает возможности идти «верой выше знания», чтобы его вера была настолько сильна, будто он видит и понимает со всей ясностью и очевидностью, что Творец управляет миром добром и с целью добра. Но не желает человек явно увидеть, как Творец управляет миром добром с целью добра, потому что видеть – означает перестать верить, ведь вера может быть только там, где она не совпадает с разумом, а человек поступает против разума – это и называется верой выше знания. Таким образом, человек верит в то, что управление Творца миром – доброе и с доброй целью. И хотя явно этого не ощущает, он не просит Творца дать ему увидеть разумом это доброе управление, а хочет остаться с верой выше знания. И просит он Творца дать ему такую большую силу веры, как будто он воочию видит своим разумом доброе управление Творца, настолько, чтобы не было различия между верой и знанием. Такое состояние называется у желающих слияния с Творцом – «день Творца».

13. Бааль Сулам. Шамати 42. "ЭЛУЛЬ
(Я – Любимому, а Любимый – мне)"

Невозможно удостоиться раскрытия лика Творца прежде, чем человек получает обратную сторону: скрытие лика Творца, и говорит, что оно ему так же важно, как раскрытие, находясь в такой же радости в состоянии скрытия, будто уже получил раскрытие Творца. Но удержаться в таком состоянии, принимая скрытие словно раскрытие, возможно только, если человек достиг намерения «ради Творца». Лишь тогда человек рад пребывать в состоянии скрытия, ведь ему важно наслаждать Творца, и если для Творца большее наслаждение в состоянии скрытия, человек готов на это.

14. Бааль Сулам. Шамати 42. "ЭЛУЛЬ
(Я – Любимому, а Любимый – мне)"

Когда человек приходит к тому, что теряет всякую опору, он входит в состояние черной тьмы, в самое низшее из состояний в высшем мире. И из этого образуется Кетэр более низшего, то есть кли отдачи. Поскольку самая нижняя часть высшего – это Малхут, которая сама ничего не имеет и именно поэтому называется малхут (царство). Ведь если принимает на себя власть (царствование) Творца, ничего за это не получая и оставаясь в радости, то становится впоследствии Кетэр, то есть кли отдачи.

15. Рабаш. Статья 12 (1991),
"Свечи эти святы"

Главное – это молитва. То есть, человек должен молиться Творцу, чтобы помог ему идти выше знания. То есть, работа должна быть в радости, как будто бы он уже удостоился духовного знания. И в какой радости тогда была бы его работа – в такой мере он должен просить Творца, чтобы дал ему эту силу, чтобы смог идти выше знания тела. Другими словами, несмотря на то, что тело не согласно на эту работу ради отдачи, только он просит Творца, чтобы мог работать в радости, как это подобает тому, кто служит великому Царю. И он не просит Творца, чтобы показал ему Свое величие, и тогда он будет работать в радости. А он хочет, чтобы Творец дал ему радость в работе выше знания, чтобы человеку это было важно, как будто бы у него уже есть знание.

16. Бааль Сулам. Шамати 96. "Отходы гумна и винодельни в духовной работе"

Цель работы – в нахождении на уровне «простого смысла» и природы. Ведь при такой работе у человека нет возможности упасть ниже, если он уже опирается на землю. Это потому, что он не нуждается в большом состоянии, ведь все время начинает будто заново. И работает он всегда так, будто только что начал работать, принимая на себя власть Небес верой выше знания.

Основа, на которой строится порядок работы, должна быть самой простой, чтобы быть абсолютно выше знания. И только самый наивный человек может настолько принизить себя, чтобы продвигаться без всякого основания, опираясь лишь на свою веру и не нуждаясь в другой поддержке. А вдобавок, он должен принимать эту работу с большой радостью, будто обладает знанием и явным видением, на которое опирается для подтверждения своей веры, чтобы полагаться на веру выше знания совершенно в той же мере, будто есть у него знание. И если человек держится такого пути, то никогда не упадет, а всегда сможет быть в радости от того, что верит, что он служит великому Царю.

17. Рабаш. Статья 21 "Освящение месяца"

Человек должен принять на себя бремя власти небес на ощущение своей полной низости и сказать о нем, что он даже такое состояние, ниже которого невозможно опуститься, полностью принимает выше знания, когда у него нет никакой опоры со стороны разума или чувства, на которой он мог мы выстроить своё основание. И тогда он находится как будто между небом и землей, и ему не на что опереться, и тогда он полностью находится выше знания. И тогда человек говорит, что это Творец послал ему такое состояние, в котором он находится на самом дне низости, потому что этим Творец хочет, чтобы он принял на себя бремя власти небес, находясь в состоянии такой низости. И тогда он принимает её на себя, потому что верит выше знания, что состояние, в котором он находится сейчас, пришло к нему от Творца, т.е. что это Творец хочет, чтобы он увидел самое низкое состояние, которое только может быть в мире. И в любом случае он должен сказать, что он верит в Творца в любом виде. И это называется у него смирением безо всяких условий.

> **18.** Рабаш. Статья 24 (1991), "Что означает, что человек должен родить сына и дочь в духовной работе"

Работа выше знания должна быть смирением без всяких условий, т.е. человек должен принять на себя бремя небес в вере выше знания. Человек должен сказать: "Я хочу быть работником Творца, даже если нет у меня никакого понятия в работе, и нет у меня никакого вкуса в работе, и все-таки я готов работать в полную силу, как-будто есть у меня постижение, и ощущение, и вкус в работе, и я готов работать без всякого условия". И тогда человек может идти вперед, и нет у него такого места, где может упасть из своего состояния, потому что он принимает на себя работать, даже когда лежит на земле, т.е. не может быть ниже, чем на земле, как сказано

"Поколение уходит и поколение приходит, а земля пребывает вовеки".

19. Бааль Сулам. Шамати 8. "Разница между святой тенью и тенью клипот"

«Тени Его жаждал я и в ней сидел, и плод Его был мне сладок». То есть все скрытия и страдания приходят к человеку по желанию Творца для того, чтобы вышел из них верой выше знания. И если есть у него сила сказать, что всё это Творец подстраивает ему для его же пользы, ведь только так он сможет начать работать ради отдачи, а не ради себя – тогда приходит к человеку понимание, и он верит, что Творец наслаждается именно от такой работы, полностью построенной на вере выше знания. И уже больше не просит человек Творца, чтобы ушли тени из этого мира, а говорит: «вижу я, что Творец желает, чтобы я работал для Него именно так – верой выше знания». И тогда, что бы он ни делал, скажет:

«Конечно же Творец наслаждается от такой работы! И значит не важно мне, что я работаю в скрытии Творца». Ведь желает он работать ради отдачи, то есть чтобы Творец наслаждался. А потому не ощущает никакой ущербности в этой работе, когда бы чувствовал, что Творец скрывается от него и не получает наслаждения от его работы. Напротив, человек согласен с управлением Творца.

20. Рабаш. Статья 24 (1991) "Что означает, что человек должен родить сына и дочь в духовной работе"

Если человек решает, что он хочет работать в состоянии "прах", т.е. даже если ощущает вкус праха в работе, он говорит, что это очень важно для него, если он может сделать что-то ради Творца, а для себя - не важно ему, какой вкус он ощущает, и он говорит, что эта работа в то время, когда ощущается вкус праха, т.е.

тело насмехается над этой работой, он говорит телу, что, по его мнению, называется эта работа "подъем Шхины из праха". Т.е. хотя тело ощущает в этой работе вкус праха, человек говорит, что это святость, и не измеряет, каков вкус, что он ощущает в работе, но верит, что Творец наслаждается этой работой, т.к. нет здесь никакой примеси желания получать, ведь ему нечего получать, ведь нет никакого вкуса и смысла в этой работе, потому что лишь вкус праха есть здесь. А поэтому он верит, что такова святая работа, и так или иначе, он рад и весел.

21. Бааль Сулам. Шамати 19.
"Творец ненавидит эгоизм"

Случается, что человек чувствует пренебрежение к работе для Творца, и это сумрачное ощущение, когда он видит, что некому спасти его из этого состояния – кроме Творца, чтобы смог он принять на себя Его власть верой выше знания, словно «вол под ярмом и осел под поклажей». И должен радоваться, что сейчас у него есть, что отдать Творцу, и Творец наслаждается этим подарком. Но не всегда есть у человека силы говорить, что это прекрасная работа, имеющая высочайшую ценность – а напротив, стыдится этой работы. И очень трудно человеку выполнить это условие и суметь сказать, что предпочитает такую работу больше, чем работу «в свете дня», при которой не ощущает тьмы во время работы, а находит в ней вкус, ведь не должен бороться со своим эгоизмом, заставляя его принимать на себя власть Творца верой выше знания. И если он превозмогает себя и может сказать, что ему приятна эта работа, поскольку сейчас он выполняет заповеди верой выше знания, считая эту работу прекрасной и самой ценной, то это называется радостью заповеди.

22. Рабаш. Статья 4 (1989), "Что такое "потоп вод" в духовной работе"

Необходимо знать, что удостоиться ступени бины – это большая работа, пока не достигается эта ступень. То есть, довольствоваться малым, тем ощущением, которое у него есть, тем разумом, который у него есть, и быть довольным своей долей, тем, что у него есть. Этот человек всегда может пребывать в совершенстве, поскольку доволен своей долей. Но что человек может сделать, если еще не достиг этой ступени, и видит, что не может преодолеть свое желание получать? Тогда он должен молиться Творцу, чтобы помог ему, чтобы у него появилась возможность идти в работе с закрытыми глазами, и не нуждаться ни в чем, а чтобы мог все делать ради небес, несмотря на то, что тело сопротивляется этому. Иными словами он не дает советы Творцу, как ему помочь, а должен смирить себя и отмениться перед Творцом без каких-либо условий. А поскольку он не может превозмочь свое тело, поэтому просит Творца, чтобы помог ему победить в войне со злым началом.

23. Рабаш. Статья 23 (1991), "Что такое "чистота пепла коровы" в духовной работе"

В понятии "вера" нужно выявить 3 категории:

1) К примеру, человек дает своему товарищу тысячу долларов, и товарищ их принимает, веря в то, что будучи его товарищем и состоятельным человеком, конечно же тот дает ему эту сумму, и конечно же, там есть тысяча долларов, и нет надобности пересчитывать. Это называется "верой ниже знания". То есть, он ему верит потому, что знание не возражает против этой веры, и нет противоречия между верой и знанием. Получается, что его вера находится ниже знания, которое

важнее. Он верит потому, что разум не противится. Однако если это будет противоположно знанию, он ,естественно, не будет верить. Но это ещё не называется "верой выше знания".

2) Когда ему дали тысячу долларов, он пошел их трижды пересчитывать и убедился, что там есть эта сумма, говоря товарищу - я тебе верю, что здесь действительно есть сумма, о которой ты говоришь. И, конечно, такая вера не считается "верой".

3) Когда он трижды пересчитал сумму, он увидел, что там не хватает одного доллара, и он говорит дающему - я верю тебе, что здесь есть тысяча долларов. В этом случае, ни разум, ни знание не подтверждают, что здесь недостает денег. Но человек говорит, что он верит. Это является истинной "верой выше знания".

24. Рабаш. Статья 23 (1990), "Что означает, что Моше затруднялся в определении новолуния, в духовной работе"

Мы должны верить верой мудрецов, которые говорят нам, что вся наша работа – не важно в какой форме мы работаем, если человек делает эту работу ради Творца, пусть даже самую незначительную, Творец наслаждается этим. И человек должен стараться быть в радости от того, что он может выполнять действия, пребывая в низменном состоянии.

И человек должен сказать себе, что он наслаждается от этой работы, что он весь - выше знания. Но как подсказывает разум, эта работа не называется работой, то есть чем-то важным, чем бы Творец мог наслаждаться. Но он верит верой мудрецов, которые сказали нам, что Творец – да наслаждается. И это – выше знания.

25. Рабаш. Статья 6 (1990), "Когда человек должен пользоваться гордостью в духовной работе"

Человек должен сказать, что, несмотря на то, что находится в самой низости возможных состояний – весь пропитан собственным эгоизмом и не в состоянии ничего совершить выше, в отрыве, вопреки своему знанию, несмотря на это, Творец дал ему мысли и желания заниматься Торой и Заповедями и дал ему немного сил противодействовать своим критическим мыслям, приводящим доводы против работы на Творца и утверждающим против его пути – все равно есть у него немного связи с духовным, и тогда человек должен обратить внимание на это и верить, что Творец занимается его развитием и ведет его по пути к Себе.

В таком случае он может уже радоваться тому, что Творец управляет им, и что эти провалы, ощущение своего низменного состояния идут от Творца. Человек обязан верить, что как духовные подъемы дает ему Творец, что не может утверждать человек, что сам делает себе духовный подъем, а сам Творец желает приблизить его и потому дает ему ощущения духовного возвышения и стремления, также и состояния духовных падений исходят от Творца, и человек должен верить, что это исходит от Творца, и происходит, потому что Творец желает приблизить его.

26. Рабаш. Статья 71 "Суть изгнания"

В начале работы должно быть какое-то наслаждение и вознаграждение, чтобы ради этого тело согласилось работать. А далее дают увидеть такое понятие, как ради Небес, и поскольку заповедь влечет за собой заповедь, то он должен просить, чтобы его вытащили из изгнания, и тогда он бежит из изгнания.

Каким же образом он бежит из изгнания? Он говорит, что не преуспеет в этой работе. В таком случае, что же он делает? Он «кончает жизнь самоубийством», то есть оставляет эту работу и возвращается к материальной жизни, что означает «грешники и при жизни считаются мертвыми».

Получается, что необходимо было просить о спасении из изгнания, и тогда он бежит из изгнания, и «кончает жизнь самоубийством». Сказано: «Прямы пути Творца, праведники пойдут по ним, а грешники потерпят неудачу». Надо идти выше разума. Духовное падение не означает, что сейчас у него нет веры, сейчас надо усиленно работать, а вера на предыдущей ступени определяется падением (именно) по этой работе.

27. Рабаш. Статья 289 "Творец придирчив к праведникам"

Удар, который человек получает от Творца, т.е. когда отбирают у него вкус в работе. Тем самым Он лечит человека, потому что до этого нет у него никакой возможности работать ради Творца, кроме состояния «вера выше знания». Получается, что от удара, который он получил от Творца, от этого, именно, он сможет излечиться, тогда как в противном случае он останется отделенным. И становится понятным сказанное мудрецами: «Тем, что Творец ударил, Он лечит» (Мехильта Бешалах). То есть, именно это и есть лекарство, иными словами, то, что дает человеку возможность работать в свойстве вера без всякой опоры. Также необходимо понять высказывание мудрецов: "Творец выносит приговор, а праведник отменяет его" (Вавилонский Талмуд, трактат Моэд катан, 16), имеется в виду, что Творец выносит приговор, и именно, что отбирает у человека наслаждение от работы, и нет приговора более сурового, чем этот, так как Он отбирает у него жизненную силу работы. А праведник отменяет его, иными словами, если человек говорит, что он хочет работать без всякого возмещения жизненной энергии и наслаждения, тогда сам по себе отменяется приговор. И наоборот, он поднимается сейчас на ступень более высокую, так что он теперь в свойстве "чистая вера" без обращения к себе.

28. Рабаш. Статья 7 (1990), "Когда время молитве и когда время благодарности в духовной работе"

Человек должен верить верой выше знания, что он находится в совершенстве, также как и весь мир целиком. Выходит, что таким образом он может и должен благодарить Творца за то, что Он дал нам все благо. И это называется «правой линией», которая на самом деле противоположна левой. Т.е. в левой линии мы идем внутри знания, когда «нет у судьи иного, чем видят его глаза». Т.е. именно в разуме, а не выше знания. Но когда мы переходим к работе в правой линии, получается, что левая приводит к тому, правая будет выстроена на основе выше знания. И об этом сказали мудрецы «Левая отталкивает, а правая приближает». Т.е. состояние «левая» показывает человеку, как он отстранен и отделен от работы Творца. А «правая приближает» означает, что показывают ему, как он близок к работе Творца. Т.е когда он работает в левой линии, показывают человеку, как он отвергнут и отделен от духовной работы. Когда он работает в правой линии, он должен прийти к состоянию, что увидит, что он близок к Творцу. И за правую линию он должен благодарить Творца, а в левой – вознести молитву к Творцу.

> **29.** Рабаш. Статья 300 "Земля, где не в скудости есть будешь хлеб"

Человек должен заниматься Торой как днем, так и ночью, а ночь и день должны быть равными у него, как приводится в книге Зоар (глава Бешалах). То есть, состояние совершенства называемое «день» и состояние несовершенства, называемое «ночь» должны быть уравновешены, иными словами, если его намерение ради небес, то он согласен, что он хочет доставить наслаждение своему Создателю. И если Творец хочет, чтобы он остался в состоянии несовершенном, он также согласен. И это согласие выражается в том, что он выполняет свою работу, как будто был удостоен совершенства, это называется согласен, то есть, что день и ночь равноценны у него. Тогда как, если имеется различие, то в меру этого различия имеется разделение, и над этим разделением уже есть захват внешних. Поэтому, если человек чувствует, что есть у него различие, то он должен поднять молитву, чтобы Творец помог ему, чтобы не было у него различия, и тогда он удостоится совершенства.

30. Рабаш. Статья 16 (1989), "Что означает запрет благословлять над пустым столом в духовной работе"

Человек должен воздать хвалу Творцу, а потом молиться, и несомненно, что когда он воздает хвалу, он говорит, что Творец – добрый, творящий добро плохим и хорошим, и что Он милостивый и милосердный и т.д. И тогда нельзя говорить, что у человека есть хисарон, т.е. что ему недостает чего-либо, как в духовном, так и в материальном, иначе получится, что устами он говорит просто так, а сердце не согласно с ним, т.е. в сердце своем он думает иначе, чем произносит устами.

Поэтому невозможно воспевать и благодарить Творца, перечисляя Его возвышенные свойства, иначе как если человек говорит о себе, что у него есть всё благо, и нет у него ни в чем недостатка. В таком случае, как же человек может говорить так, в то время как он считает себя нищим и голым?

И об этом сказал мой господин, отец и учитель, что человек должен представлять себе, как будто он уже удостоился полной веры в Творца, и у него уже есть ощущение во всех органах, что Творец управляет всем миром свойством «добрый, творящий добро». И несмотря на это, когда он смотрит на себя и на весь мир, он видит, что и он, и весь мир находятся в недостатке – каждый согласно своему уровню. Об этом он обязан сказать:

«Глаза у них, но не увидят они», – т.е. выше знания. И таким же образом он может сказать, что он – человек совершенный, и нет у него ни в чем недостатка. И как бы то ни было, он может воздать Творцу хвалу выше знания.

31. Рабаш. Статья 25 (1987), "Что такое серьезность в духовной работе"

Молитва должна быть в серьезности. Т.е. когда человек сам чувствует, что нет веры выше знания. Т.е., что знание не обязывает его работать на отдачу. И человек понимает, что главная цель должна быть «удостоиться слияния с Творцом». А поскольку знание сопротивляется этому, и он должен идти против знания, это очень большая работа. Ведь он просит у Творца, чтоб Он дал ему то, чему противятся все его члены. Получается, что в каждой молитве, которую он возносит к Творцу, у него есть особенная работа.

Поэтому молитвой называется работа в сердце. Т.е. что он хочет идти против знания и разума, которые говорят ему прямо противоположное. И поэтому это не называется работой разума, потому что работой разума называется, когда человек прилагает усилие, чтобы понять что-либо своим разумом и знанием. Тогда как тут он не желает понять знанием, что нужно служить Творцу в свойстве «знание», а он хочет служить Творцу именно в вере выше знания. И поэтому эта молитва называется работой в сердце.

32. Рабаш. Статья 13 (1988), "Что означает, что предводитель народа – это и есть народ, в духовной работе"

В состоянии, когда он видит мрачный мир, но желает верить в Творца – в то, что Он обращается с миром в частном управлении как «Добрый и Творящий добро» – он остаётся стоять в этой точке, и всевозможные посторонние мысли проникают в его мозг. И тогда он должен преодолеть это, [приняв] выше знания, что высшее управление «Доброе и Творящее добро». И тогда он получает потребность в том, чтобы Творец дал ему силу веры, дабы была у него сила идти выше знания и оправдать высшее управление. И тогда он может понять, что такое «Шхина во прахе», поскольку тогда он видит, как вместо того, чтобы делать что-либо ради Творца, а не для собственной выгоды, тут же приходит тело с претензией: «Зачем вам эта работа?» – и не желает дать человеку силы для работы. И это называется «Шхина во прахе» – т.е., во всем, что он желает сделать ради Шхины, ощущает вкус праха, и нет у него сил, чтобы преодолеть эти свои мысли и желания.

И тогда человек приходит к осознанию, что для того, чтобы была у него сила для работы, нет у него недостатка ни в чем, как только в том, чтобы Творец дал ему силу веры, как сказано (в молитве рабби Элимелеха), нужно молиться: «Помести веру Твою в сердце наше навечно, беспрерывно» – т.к. в этом состоянии он приходит к осознанию, что: «Если Творец не помогает ему [человеку] – не одолеет его [злое начало]».

33. Рабаш. Статья 38 (1990), "Что значит, что чаша благословения должна быть полной в работе"

Человеку необходима большая милость свыше, чтобы не сбежал с поля боя. И хотя человек использует советы мудрецов, которые сказали: «Я создал злое начало, Я создал Тору в приправу», – он говорит, что уже использовал этот совет несколько раз, и это ему не помогло. И так же говорит, что уже использовал совет «пришедшему очиститься помогают», но как будто бы все эти советы не для него. Если так, то он не знает, что делать. И тогда для человека наступает самое плохое состояние, когда он хочет сбежать от этих состояний. Но ему некуда бежать. И тогда он страдает от того, что он находится между состояниями отчаяния и уверенности. Но тогда человек спрашивает – куда ему направиться?

И тогда нет никакого иного совета, чем молитва. И эта молитва также без какой-либо уверенности. Получается, что он должен воздать молитву, чтобы поверил, что Творец слышит молитву, и все, что человек ощущает в этих состояниях – ему на пользу. Это может быть только выше знания. Хотя и разум ему подсказывает после всех расчетов, и он видит, что ему ничего не может помочь, он должен верить выше знания, что Творец может вызволить его из желания получать для себя, и вместо этого он получит желание отдавать.

34. Рабаш. Статья 37 (1991), "Что такое "Тора" и что такое "закон Торы в духовной работе"

В то время, когда человек хочет делать все ради Творца, а не ради себя, тело противится изо всех сил, т.е. тело возражает: почему ты хочешь уничтожить меня и и всю ту власть, которая есть у меня. И ты приходишь ко мне, (говоря), что нужно работать только ради Творца, а не ради себя, и это на самом деле отмена желания получать во всем. И ты говоришь мне, что мудрецы сказали: "Тора осуществляется лишь в тех, кто умерщвляет себя ради нее". Т.е. уничтожить всю власть собственной выгоды и заботиться только о благе Творца, и прежде этого человек не может удостоиться Торы. И человек видит, что не реально, чтобы была у него сила идти против этой природы. И тогда нет у человека иного совета, как обратиться к Творцу и сказать:

сейчас я пришел к состоянию, когда вижу, что если Ты не поможешь мне, я погиб, и нет у него надежды, что когда-то будет у него сила преодолеть желание получать, являющееся его природой, но только Творец может дать иную природу.

35. Рабаш. Статья 23 (1989), "Что означает в духовной работе: "Если проглотил марор, не исполнил долг""

И хотя он отдаёт себе отчёт в том, что Творец может ему помочь, и понимает, что истинный совет заключается только в молитве, тело даёт ему понять, что сколько бы ты ни молился, так и не получаешь никакого ответа свыше. Так зачем тебе молиться, чтобы Творец помог? Ты же видишь, что не приходит никакого ответа свыше. И потому он не способен больше молиться. И снова нужно это преодолеть, как и преодолевал в состоянии веры, и надо верить, что Творец слышит молитву каждого. Не важно, способный ли человек и обладает ли он хорошими качествами, или наоборот. Главное, он должен преодолеть и верить выше знания, несмотря на то, что знание его обязывает думать, что после стольких безответных молитв он уже не способен снова молиться. И это тоже надо преодолеть, прилагая усилия выше знания, и молить Творца, чтобы помог ему превозмочь свое знание и молиться.

36. Рабаш. Статья 24 (1991), "Что означает, что человек должен родить сына и дочь, в духовной работе"

После того как человек приложил все усилия, он видит, что не способен самостоятельно выйти из-под власти желания получать, и тогда он видит внутри знания, что только Творец может ему помочь. Получается, что в сказанное мудрецами «злое начало побеждает человека каждый день, и если Творец не поможет, то ему не справиться», человек не должен верить «выше знания», как обычные работники Творца, выполняющие Тору и заповеди, которые верят выше знания, что это так, что Творец им помогает. Но у тех людей, которые хотят работать ради отдачи, это - внутри знания до такой степени, что они должны верить выше знания, что Творец может им помочь выйти из-под власти желания получать.

37. Рабаш. Статья 12 (1985), "И поселился Яаков на земле проживания отца его"

Злое начало в теле не дает верить верой в Творца выше знания, этим отнимая у него всякий вкус. Когда человек начинает заниматься чем-либо духовным, ему всё кажется сухим, лишенным жизни. Принимая во внимание то, что человек начал свою духовную работу, сказали ему, и он поверил в то, что Тора является

Торой Жизни, как сказано: "Ибо это не что-то пустое для вас, а жизнь ваша, и благодаря этому вы проходите дни ваши на земле и т.д." (Дварим), и ещё сказано: "Вожделенней золота они и множества чистого золота, и слаще мёда и сотового мёда".

И когда человек размышляет об этом, то он видит, что во всём виноват его эгоизм, и человек начинает понимать, какое зло он причиняет ему. И тогда он начинает понимать сказанное в Теилим "много бед у праведника" – человек осознаёт, что это говорится о нём и смотрит он тогда, как же заканчивается этот отрывок: "И от всех них спасает его Творец".

Тогда он начинает взывать к Творцу, просить Его о помощи, потому что всё, зависящее от него самого, человек уже сделал, и это не принесло ему пользу. Человек уже думает, что это о нём сказано в Коэлет: "Всё, что сможет рука твоя делать, в меру сил своих делай." И тогда приходит время избавления, и Создатель спасает его от злого начала. И с этого времени злое начало смиряется человеку и уже не может спровоцировать его совершить какое-либо нарушение.

38. Рабаш. Статья 2 "Соударение (акаа) мыслей человека"

«Из-за этого соударения высшего света, когда он бьет в ту завесу, от них вспыхнули света и прошли через тот экран» (ТЭС, стр.115, п.6). И можно объяснить, что соударение (акаа) означает мысли, которые бьют по человеку, беспокоя и утомляя его, и у него есть аргументы и в ту и в другую сторону. И все это по той причине, что у него есть экран. И если он поддерживает существование этого экрана и согласен идти путем Творца, это считается свойством моха, и это называется выяснением, т.е. он выясняет, что ему лучше принять свойство веры выше знания. И это считается, что он приводит к добавлению света на высшей ступени, и радость появляется именно благодаря этому выяснению... Т.е. хотя он и не чувствует такой большой важности высшего, его выяснение происходит при помощи экрана, который называется опытом, т.е. свойством скрытия. Но когда он усиливает экран и поддерживает его, т.е. не отменяет экран, это вызывает радость наверху, и тогда высший тоже дает ему радость. Т.е. в той мере, в которой он получил важность высшего выше знания, та же мера величия высшего привлекается в его знание, не менее и не более.

39. Бааль Сулам. Шамати 200.
"Ослабление экрана"

Ослабление экрана, происходящее в духовном парцуфе, вызывает также исход, исчезновение из него света. Поскольку после Цимцума Алеф свет может находиться только в кли, которым является экран. Экран — это сила, отталкивающая самонаслаждения, и в нем — основа кли. Поэтому, когда исчезает экран, исчезает свет. Кли - это вера выше знания. Когда она существует, тогда свет проявляется и по своей природе воздействует на экран тем, что ослабляет его. То есть аннулирует кли «Вера» и приводит к кли «Знание», вследствие чего из него немедленно исчезает свет. Поэтому нужно восстановить и увеличить кли «Вера», то есть сделать экран на «Знание». Только в таком случае не исчезнет свет. Каждому кли недостает света, которым оно могло бы наполниться. Получается, что всякое место, где ощущается недостаток света, дает возможность для веры. Если же оно наполнится, то не станет кли, не останется места для веры.

40. Рабаш. Статья 2 (1987), "По поводу важности осознания зла"

Работа на этапе подготовки ко входу в настоящую духовность. Т.е. когда он принимает на себя веру в важность Творца выше знания, он должен принять на себя, что он хочет идти именно в вере выше знания, даже если ему дадут знание, как увидеть величие Творца внутри знания, он предпочитает веру выше знания по той причине, что «уважение Творца – в скрытии». И это называется, что он хочет идти выше знания. И именно тогда он становится сосудом (кли), способным получать духовное, поскольку он не заботится ни о чем ради себя, а все его намерение – только отдавать Творцу. И поэтому уже нечего бояться, что если ему дадут какую-нибудь подсветку, она уйдет в получающее кли. Ведь он все время старается выйти из любви к себе.

41. Рабаш. Статья 21 (1986),
"О вере выше знания"

Человек должен сказать, что сейчас я вижу, что настоящий путь – идти именно выше знания. И доказательством тому служит то, что я получил какое-то свечение свыше именно как результат согласия идти выше знания. Потому я и удостоился того, чтобы Творец приблизил меня немного к Себе и дал свыше какое-то пробуждение. Это, полученное свыше, свечение и дает ему оправдание на все трудности и свидетельствует о правильности пути "выше знания". Если так, то что же мне делать, чтобы продолжить идти путем выше знания? Собрать только силу воли и начать искать возможности работать "выше знания". Получается, что не навредил совсем своей вере, в которой находился перед получением свечения свыше, т.к. и сейчас не берет это свечение за основу, на которой выстроит все здание своей работы, но берет это свечение в качестве доказательства, что идет истинным путем – верой выше знания. И только в этой работе Творец приближает человека к Себе и дает ему место приблизится к Себе, потому что такое приближение не даст ему упасть в свой эгоизм, называемый "знание". Поскольку Творец видит, что он старается идти только выше знания.

42. Бааль Сулам. Шамати 207.
"Смысл получения с отдачей"

...от того, что была у него предварительная подготовка, которая помогла ему принять на себя «веру выше знания». То есть благодаря усилиям к слиянию с Творцом, он прилепил себя к корню, вследствие чего удостоился знания. И знание, которого достиг верой, раскрылось истинно и полно. Выходит, от того, что возвышает в основном «веру выше знания», также возвышает и знание, ведь удостоился сейчас раскрытия имен Творца в нисхождении к нему света. Поэтому должен теперь еще больше укрепиться посредством знания и принять на себя «веру выше знания» большую, чем прежде. Ведь главное — это слияние с Корнем, что возможно только благодаря вере. И только в этом — основная его цель. И это называется каббала (получение), то есть знание (даат), которое получает ради отдачи Творцу. С помощью чего сможет принять на себя «веру выше знания» еще в большей мере — и по количеству, и по качеству.

43. Бааль Сулам. Шамати 205.
"Мудрость возглашает на улице"

«Мудрость возглашает на улице, на площадях подает свой голос. Кто глуп, пускай завернет сюда. Бессердечному она сказала...» (Мишлей)

Когда человек удостаивается слияния с Творцом, само раскрытие

Творца, называемое «Шхина», говорит ему, что если раньше он вынужден был поступать, как глупец, вопреки разуму (верой выше знания), то это не потому, что такова на самом деле была правда, а потому что не хватало ему «сердца». Вот почему мы говорим: «И все верят, что Он — Творец веры». Но сейчас, когда удостоился подлинного слияния с Творцом, то уже нельзя сказать, что поступает, как глупец, то есть силой «веры выше знания». Наоборот, он должен работать и верить, что его работа выше знания, несмотря на то, что видит и ощущает всеми своими чувствами, что его работа внутри знания. Совершенно обратно тому, как он видел ранее, что разум не обязывает его к рабству Творцу. Несмотря на это, должен был работать выше знания, говоря, что в этом есть истинное знание. То есть он верит, что это рабство — и есть подлинная реальность. А затем наоборот: вся его работа обязывает его, его разум — то есть слияние с Творцом обязывает к рабству. А он верит, что все видимое им внутри знания — все это выше знания. Тогда как прежде, все, что выше знания, принимал как внутри знания.

44. Бааль Сулам. Шамати 135.
"Чистого и праведного не убивай"

«Чистого и праведного не убивай» (Шмот 23).

«Праведный» — это тот, кто оправдывает Творца, и все, что чувствует, плохое оно или хорошее — принимает верой выше знания. И это — правая линия.

«Чистый» — означает чистый, честный взгляд на свое состояние, ведь «у судьи есть лишь то, что видят его глаза». И если он не понимает какого-то состояния или не может постичь, то не должен затушевывать качества, которые открываются сейчас его взгляду. Это называется левой линией, и он обязан обеспечивать существование их обеих.

45. Рабаш. Статья 4 (1989), "Что такое "потоп вод" в духовной работе"

Закон таков, что средняя линия – это смешение двух линий. А поскольку правая линия святости – это ступень совершенства, выше знания, то левой линией называется то, что он видит внутри знания, что он несовершенен, и наоборот полон недостатков.

Поэтому средняя линия построена из двух линий. То есть, что невозможно идти выше знания прежде, чем у него появится знание и покажет ему состояние, как он выглядит в своих глазах внутри знания. Тогда можно сказать, что он не обращает внимания на то, что его заставляет делать разум, а он идет выше знания, и верит верой мудрецов в то, что ему говорят мудрецы, и не использует свой разум.

Но если у него нет разума и знаний, которые бы ему сказали что-то, нельзя сказать, что он идет выше знания. Поэтому это называется средней линией, "миром", поскольку он нуждается в двух линиях, то есть, что у него имеется две противоположные линии, и он нуждается в обеих.

46. Бааль Сулам. Шамати 212.
"Объятие справа и объятие слева"

Есть объятие справа и объятие слева, и оба они должны быть одновременно и навечно.

Когда человек находится в правом, то понимает разумом, что левого вообще не существует. И наоборот, когда находится в левом, его разуму кажется, что не существует правого.

Правое состояние — личное управление. Левое состояние — управление вознаграждением и наказанием. И хотя разумом человек понимает, что невозможно соединить их вместе, чтобы оба состояния были как одно, но должен работать верой выше знания и понимания, чтобы его понимание не останавливало его. Главное — всегда идти выше знания, чтобы вся работа измерялась тем, насколько она выше знания, вопреки разуму и логике.

И хотя после этого приходит к состоянию «внутри знания», то есть получает и знает все, но это ничего не значит для него, потому что изначально основа его работы была в вере выше знания, поэтому он постоянно получает силы от своего корня.

Но если достигает знания и желает получать от него, свет немедленно исчезает. И если желает продолжить свое исправление, обязан начать в вере выше знания, ведь в ней — весь корень работы. А затем он приходит к святому знанию.

47. Рабаш. Статья 27, "Три линии-1"

Человек должен в основном идти в правой линии, т.е. совершать добрые дела, ощущая себя в совершенном состоянии, прислуживая Царю и веря, что всеми своими действиями он доставляет удовольствие Творцу.

Но вместе с тем, у него должно быть время идти также и в *левой линии*, т.е. самопроверке, но при этом левая линия должна быть в подчинении у правой. Это означает, что человек не должен ставить самоцелью идти в *левой линии*, а только для того, чтобы с помощью её улучшить правую, то есть показать тем самым, что несмотря на то, что существует у него осознание и проверка своего состояния, он всё равно идёт выше своего знания, в правой линии, называемой "вера".

И это называется средней линией, решающей между двумя линиями, отдавая предпочтение правой. И это определяется как обратная сторона духовной ступени. Но с помощью этого единства удостаиваются затем достигнуть передней, лицевой стороны духовной ступени.

48. Рабаш. Статья 23 (1985)
"На ложе ночном"

Написано: "Отец вносит свой ловен" означает совершенство, называющееся "лаван" (белизной), в которой нет никакой грязи... Благодаря этому он может воспрять духом, так как находится в слиянии с совершенным, то есть с Творцом. И все, что Он даёт, необходимо верить, что оно совершенно. А совершенство восполняет человека, дабы он также ощущал себя совершенным. Так или иначе, он питается от этого, получая поддержку, чтобы смог жить и существовать, и чтобы были у него силы потом выполнять работу в святости...

Однако и сам человек должен исправляться, иначе он останется во тьме и не увидит истинного света, светящего в "отдающих келим". Исправлением келим называется "свойство нуква", хисарон, работающий над исправлением его недостатков. Это называется "мать даёт свой одем", то есть, он видит тогда красный свет, означающий препятствия, стоящие у него на пути и не дающие ему достичь цели. И тогда наступает время молитвы, когда смотрит человек на меру своей работы, в свойстве "моха и либа", и как он не продвигается в работе на отдачу. А также видит, насколько тело его слабо, и нет достаточно сил, чтобы преодолеть свою природу. И тогда он осознает, что если Творец ему не поможет, он безнадежно пропал, как сказано, "Если Творец не построит дом, то напрасно трудились строящие его."

И из двух этих категорий, совершенства и недостатка, которые являются "отцом и матерью", выходит, что Творец ему помогает, давая душу, дух жизни. И тогда рождается новорожденный.

49. Рабаш. Статья 128, "Возвышайте Творца Всесильного"

"Возвышайте Творца Всесильного, поклоняйтесь горе святости Его, ибо свят Творец Всесильный наш". "Возвышайте". Означает, что если человек хочет знать высоту и величие Творца Всесильного, это можно постичь только через слияние и подобие по форме. Если так, то что означает подобие по форме и как мы можем достичь подобия по форме? "Поклоняйтесь горе святости Его". Поклонение означает смирение, когда человек принижает своё знание и говорит, что я отменяю то, что знание понимает и не понимает, и смиряю его. Перед чем я смиряю его? - перед "горой Его святости". Гора означает сомнения, т.е. мысли. Его святости – значит святой и отделенный от всего. То есть он отделяет себя от желания получать. Поклоняйтесь - означает смирить тело, даже если оно не согласно, и (тогда) приобретет только мысли святости. И тогда "Поклоняйтесь горе святости Его". Почему нужно смирять себя перед мыслями святости, то есть отделять себя от получения ради получения, - "ибо свят Творец Всесильный наш", потому что Творец только отдаёт. Поэтому нужно быть в подобии по форме, как Творец. И так могут постичь высоту Творца. А затем могут прийти к постижению величия Творца.

50. Рабаш. Статья 7 (1991), "Что такое человек и что такое животное в духовной работе"

Когда человек хочет работать ради Творца, а не ради себя, тогда что бы он ни делал, он видит, что там нет никакой пользы для Творца, а все только для его личной выгоды. В этом состоянии он чувствует, что у него нет ничего, и он полностью опустошен. И это пустое место он может наполнить только с помощью граната (ивр. римон, созвучно ромемут - величие), то есть, если он идет выше знания, что означает – с величием Творца. То есть, чтобы просил у Творца, чтобы дал ему силы верить выше знания в величие Творца. То есть то, что он хочет (постичь) величие Творца, не означает, что он говорит: «Если Ты дашь мне постичь величие и возвышенность Творца, то я готов работать». А он хочет, чтобы Творец дал ему силы верить в величие Творца, тем самым он заполняет пустоту того места, в котором он сейчас пребывает.

Получается, что если бы не пустота, то есть если бы он не работал ради достижения слияния, ради уподобления по свойствам, что означает ради отдачи, то он работал бы на уровне масс, которым достаточно выполнения действий, и которые не ощущают себя опустошенными, а ощущают себя полными заповедей.

Но именно те, кто хотят идти путем отдачи, и ощущают свою опустошенность, и нуждаются в величии Творца, они могут наполнить эту свою пустоту именно величием, что означает быть полными заповедей в мере их просьбы к Творцу, чтобы дал им силы, чтобы смогли идти выше знания, что и называется величием. То есть, они просят, чтобы Творец дал им силы в возвышении, что означает выше знания – в величии и важности Творца.

51. Бааль Сулам. Шамати 33.
"Рок Йом Кипур и Амана"

Необходимо понять, зачем вообще предстают перед человеком мысли и действия, находящиеся в противоречии с абсолютно добрым управлением свыше? – Только для того, чтобы он был обязан притянуть на эти противоречия высший свет, если желает взойти над ними, а иначе не сможет победить эти противоречия. И это называется «Величие Творца», которое притягивает к себе человек во время ощущения противоречий, называемых судом и ограничениями (диним). Ведь противоречия эти могут исчезнуть, только если он пожелает победить их и противопоставить им величие Творца. Получается, что противоречия являются причиной, вызывающей проявление Величия Творца человеку. И это означает: «И набросил на него плащ свой (адерет)». То есть человек, после всего им пройденного, относит все «адэрэт сэар» (противоречия) именно к Творцу, поскольку видит, что Творец дал ему эти противоречия (адэрэт) специально, чтобы он получил на них высший свет. Но увидеть это человек может только после того, как удостоился высшего света, проявляющегося именно на противоречиях и ограничениях, ощущаемых им вначале. Ведь он видит, что без противоречий (сэарот) и падений, не было бы возможности высшему свету раскрыться – потому что «нет света без кли». И потому видит человек, что все Величие Творца, которое он постиг, открылось ему только благодаря противоречиям, ощущаемым вначале. И в этом смысл сказанного: «Велик Творец на своих высотах», потому что благодаря адэрэт (преодолению противоречий) человек удостаивается Величия Творца.

52. Бааль Сулам. Шамати 83.
"«Вав» правая и «вав» левая"

В каких бы состояниях ни находился человек, он всегда может быть работником Творца, потому что он ни в чем не нуждается, а все делает выше знания. Выходит, что не нужен ему никакой разум (мохин) для того, чтобы с ним работать на Творца.

И этим объясняется сказанное: «Ты накрываешь предо Мною стол на виду у врагов Моих» (Псалом 23). Где «стол» (шульхан) от слова «отошлет ее» (шлаха), как написано «И отошлет ее из дома своего, выйдет она из его дома и пойдет» (Дварим, Ки-тецэ 24) – то есть выход из духовной работы. Это значит, что даже во время выхода из духовной работы, то есть в состоянии падения, все равно есть у человека возможность работать. Человек преодолевает свои падения верой выше знания и говорит, что и падения тоже даны ему свыше, и благодаря этому исчезают враги. Ведь эти враги думали, что из-за падений человек придет к ощущению своей полной ничтожности и сбежит с поля боя. А в итоге вышло наоборот, и сами враги исчезли. В этом смысл слов: «Стол, что пред Творцом». И именно благодаря этому, человек получает раскрытие лика Творца. А суть в том, что человек покоряется всем судам и ограничениям, даже самым большим, принимая на себя власть Творца на все времена. И так он всегда находит себе место для работы, как написано, что рабби Шимон Бар Йохай сказал: «Негде мне скрыться от тебя».

53. Рабаш. Статья 1 (1991), "Что означает, что нет у нас иного Царя, кроме Тебя, в духовной работе"

Написано (Псалмы, 89): "Милосердие Творца буду вечно воспевать, из поколения в поколение буду возвещать устами моими верность Твою." И необходимо понять, что значит "буду вечно воспевать". И как можно воспевать Творца в то время, когда человек видит, что он полон недостатков. И сердце его не полностью согласно с Творцом, чувствуя, что он отдалён от Творца. А иногда ему даже хочется сбежать от духовной работы. Как же он может сказать, что Творец милосерден и Его нужно воспевать за это?

И по сказанному человек должен говорить, что находится в низменном состоянии не потому, что сейчас он стал хуже. А так как сейчас, желая исправиться и действовать только ради небес, сверху ему раскрывают его истинное состояние, которое заложено в его теле. До сих пор это было скрыто и не выявлено наружу. А теперь Творец раскрыл ему это, как сказано в книге "Плоды мудрости" (При Хахам).

И об этом человек говорит как о милосердии, тогда как Творец ему раскрыл зло, которое в нём, чтобы тот узнал истину и смог обратиться к Творцу в истинной молитве. Выходит, что с одной стороны, человек видит сейчас, как он отдалён от Творца. С другой стороны, он должен сказать, что Творец приблизился к нему и заботится о нём, показывая ему недостатки. Поэтому он должен говорить, что это милосердие, и об этом сказано "Милосердие Творца буду вечно воспевать". Иначе говоря, есть у него с одной стороны радость и он воспевает за это. С другой стороны, он видит, что ему нужно раскаяться. То есть должен попросить Творца приблизить его и дать ему желание отдавать, которое является второй природой.

54. Рабаш. Статья 632 "А я всегда (на Тебя) надеяться буду"

«А я всегда (на Тебя) надеяться буду и умножать всякую хвалу Тебе» (Псалмы 71:14).

И надо объяснить, что когда человек чувствует близость к отдаче, и, несомненно, Творец приблизил его, и он должен восхвалять Творца, что вытащил его из низменного состояния и ввел в состояние ощущения духовного, то (важно) чтобы человек не удовлетворялся этим. И человек также должен дать для этого: оценить свое состояние, и насколько это возможно представить его себе, что является делом очень важным. То есть, что все, что он способен оценить, важность этого – это для него все еще важнее, чем его постижение.

И все равно он говорит - а я всегда (на Тебя) надеяться буду, то есть что есть ступени более высокие, чем я могу себе представить. Но как такое возможно? Насколько он способен он оценивает, что это дело важное. Но как может быть что-то еще важнее, чем это можно себе представить? И на это ответ - я всегда (на Тебя) надеяться буду, то есть у меня будет возможность представить реальность более важную, чем я способен себе сейчас представить, и так или иначе умножать всякую хвалу Тебе.

Получается, хотя сейчас я восхваляю Тебя ради настоящего, и благодаря тому, что я всегда надеюсь (на Тебя), смогу постичь большее понимание Твоей важности, (но) должен больше добавлять восхвалений.

55. Бааль Сулам. Шамати
129. "Шхина во прахе"

Главные страдания ощущаются в том, что выше знания. И чем больше страдания расходятся с разумом, тем они сильнее. Это называется верой выше знания, и от такой работы Творец получает наслаждение. Получается, что вознаграждение состоит в том, что работа эта доставляет удовольствие Творцу.

56. Рабаш. Статья 4 (1989), "Что такое "потоп вод" в духовной работе"

Есть понятие выше знания, то есть человек хочет идти с закрытыми глазами, несмотря на то, что разум и чувства не понимают то, что говорят нам мудрецы. Но они принимают на себя веру мудрецов, говоря, что на них возложено это сделать. Как сказано: «И поверили в Творца и Моше – раба Его». И без веры невозможно ничего достичь в духовном.

57. Рабаш. Статья 1 (1990), "Что означает: "Чтобы были мы головой, а не хвостом" в духовной работе"

Благодаря тому, что человек хочет понять путь мудрецов, которые говорят нам, что мы должны идти за ними с закрытыми глазами, иначе в них попадет пыль, то есть то, что является неважным, это называется «пылью», то есть, большей униженности, чем эта, быть не может. И поскольку человеку дается знание и разум, понять все согласно разуму. А здесь нам говорят, что мы должны идти, принимая веру мудрецов, и человек хочет понять этот путь, и поскольку все то время, пока человек погружен еще под власть желания получать для себя, сам человек не может знать, что такое добро, а что такое зло, то необходимо принимать все, что установили для нас мудрецы. И если не попадает пыль и прах в их глаза, не могут идти вперед. А если не критикуют слова мудрецов, и не хотят принять их слова внутри знания, то именно с помощью этого удостаиваются знания святости. И это потому, что все понятие того, что мы должны идти выше знания – это по причине того, что мы погружены в любовь к себе. Поэтому с помощью веры выше знания мы удостаиваемся отдающих келим.

58. Рабаш. Статья 3 (1985),
"Истина и вера"

Нам дан путь веры выше знания, т.е. не считаться с нашими чувствами и познаниями, а сказать, как написано: «глаза у них да не увидят, уши у них да не услышат», т.е. нужно верить, что конечно же Творец наблюдает, и Он знает, что хорошо для меня, а что плохо. Поэтому Творец хочет, чтобы я ощущал своё состояние так, как я его ощущаю. И лично мне не важно, как я ощущаю себя, потому что я хочу работать ради отдачи. Если так, то главное, что я должен служить во имя Творца. И хотя я чувствую, что нет никакого совершенства в моей работе, тем не менее в келим Высшего, т.е. со стороны Высшего, я нахожусь в состоянии совершенства. Как сказано: "Ибо не будет отторгнут от Него отверженный". Поэтому я доволен своей работой, что у меня есть привилегия служить Царю, пусть даже на самой низкой ступени. Но и это я рассматриваю как большую честь, что Творец дал мне хоть немного приблизиться к Нему.

59. Бааль Сулам. Шамати 40. "Какой должна быть вера в Учителя"

Человек должен представлять себе, как будто он уже удостоился полной веры в Творца, и уже есть у него ощущение в его органах, что Творец управляет миром добром и творит добро, которое получают творения.

Но когда человек смотрит на себя, то видит, что у него ничего нет, а весь мир страдает: кто больше, кто меньше. И на это нужно сказать: «Глаза у них – да не увидят». То есть пока человек находится во власти «многих», что называется «у них» – он не увидит правды. А «власть многих» – это власть двух желаний, когда он верит, что хотя весь мир и принадлежит Творцу, но все-таки что-то подвластно и человеку.

А на самом деле он должен аннулировать власть многих во имя полной власти Творца и сказать, что человек не должен жить ради себя, а все, что он желает совершить, должно быть для и ради Творца. И таким образом он окончательно аннулирует свое правление и будет находиться в единственной власти – власти Творца. И только тогда он сможет увидеть истину, увидеть все то добро, которым Творец управляет миром.

Но пока человек признает власть множества, то есть его желания находятся как в сердце, так и в разуме – нет у него возможности видеть правду. А выход в том, чтобы идти верой выше знания и сказать: «Есть у них глаза, да не увидят истины».

60. Рабаш. Статья 30 (1988), "Чего требовать от собрания товарищей"

Товарищи в основном должны говорить между собой о величии Творца. Потому что согласно мере величия Творца, которое человек представляет себе, в этой же мере он естественно отменяет себя перед Творцом. Мы видим в природе, что маленький отменяет себя перед большим, это не относится к духовному, и касается также и людей нерелигиозных.

Это означает, что Творец сделал это в природе. Получается, что когда товарищи говорят о величии Творца, у них пробуждается желание отменить себя перед Творцом, поскольку они начинают ощущать стремление и сильное желание соединиться с Творцом.

И следует помнить, что насколько товарищи могут оценить важность и величие Творца, они всегда должны идти верой выше знания.

То есть Творец выше, чем человек может себе представить в своем разуме и надо сказать, что мы должны верить верой выше разума, что он управляет миром с помощью доброго управления. Если человек верит, что Творец желает людям только добра, он начинает любить Творца пока не достигает состояния «возлюби Творца своего всем сердцем и душой». И это человек должен получить от своих товарищей.

61. Бааль Сулам. Шамати 40.
"Какова вера в Учителя"

Во время нахождения в правой линии, человек может получать высшее наслаждение, ведь «благословенный прилепляется к Благословенному», и в состоянии совершенства человек называется благословенным и находится в единстве свойств с Творцом. А признаком совершенства служит радостное настроение, иначе далек он от совершенства. И об этом сказано: «Лишь только в радости исполнения заповеди воцаряется Божественное присутствие (Шхина)».

Причиной появления радости является заповедь, то есть то, что Учитель заповедал человеку какое-то время идти по правой линии, а какое-то — по левой, и человек выполняет эту заповедь Учителя. И левая линия всегда находится в противоречии с правой. В левой линии делается расчет пройденного и приобретенного в работе Творца. И тут открывается, что у человека ничего нет, как же он может быть в совершенстве? Но несмотря на это, согласно заповеданному Учителем, он идет выше знаний, что называется верой.

Получается, что все его совершенство построено выше знания. И это называется верой.

62. Рабаш. Статья 924, "И говорил Творец Моше"

Все споры, на которые может опереться человек, только в том, что знание заставляет его. Тогда как выше знания все возможно, нужно только преодолевать в свойстве веры, что Творец может помочь в свойстве выше природы. И на самом деле невозможно получить что-то выше природы до того, как человек приходит к решению, что этого не может быть внутри природы. И только после того, как он приходит к отчаянию в плане природы, тогда он может попросить помощь свыше, чтобы ему помогли выше природы.

63. Рабаш. Статья 68, "Порядок духовной работы"

Когда человек верит в добро и наслаждение, которые находятся выше знания, то он начинает ощущать разумом свое зло. Поскольку он верит в то, что Творец дает много блага и наслаждения и так же, что он видит все благо выше знания, то приходит к осознанию, то есть ощущает всеми органами силу зла, которая есть в получении для себя, и это препятствует ему получить благо.

Получается, согласно этому, что вера выше знания способствует тому, чтобы он ощутил внутри знания своего ненавистника, того, кто мешает достичь блага. И таков его принцип: в той мере, в которой он верит выше знания в благо и наслаждение, в той же мере может прийти к ощущению осознания зла.

Ощущение зла приводит впоследствии к ощущению блага и наслаждения, потому что осознание зла, ощущаемое органами, приводит к тому, чтобы он исправил это зло. А это происходит в основном с помощью молитвы, когда просит Творца, чтобы дал отдающие келим, называемые слиянием, чтобы с помощью этих келим открылась цель в открытом Управлении, то есть, уже не должно быть скрытия, так как есть келим, пригодные для получения.

64. Рабаш. Статья 572, "Два усилия"

Когда человек прилагает всю свою энергию и усилия ради небес, и в этом вся его цель, и ради этой цели был создан мир, как сказали наши мудрецы: «Весь мир был создан только ради этого» , т.е. ради трепета перед небесами...

Поэтому, когда он отвечает грешнику, что он идет выше знания, т.е. против разума, разум уже не может задавать никакие каверзные вопросы, ведь все вопросы задаются внутри разума. В то же время выше разума нет места для вопросов.

И потому, когда грешник задает свои вопросы, ему говорят, что сейчас пришло время, когда я могу выполнить свою работу в свойстве веры, т.е. сам факт, что ты задаешь какой-либо каверзный вопрос, а я отвечаю тебе, что иду путем веры и не даю тебе ответа в разуме, это знак, чтобы ты знал, что моя работа выполняется в свойстве веры выше знания.

Получается, что сейчас ты заставил меня исполнить заповедь, ибо только сейчас взору всех открылось, что путь Творца является путем веры.

65. Рабаш. Статья 12 (1989), "Что такое "трапеза жениха"

Если человек принимает свойство веры выше знания, даже если у него отсутствует всякое ощущение, всякое воодушевление от того, что он принял на себя ярмо небесной малхут, и все таки он соглашается с таким состоянием и говорит, что конечно же таково желание Творца, чтобы он работал и служил Ему в таком низменном состоянии, то ему не важно, какое воодушевление он ощущает от этой веры, так как он не беспокоится о себе и о собственной выгоде, а только лишь о пользе Творца. И если Творец желает, чтобы он оставался в таком состоянии, он безусловно принимает его. И это называется «безусловным смирением».

66. Рабаш. Статья 4 (1991), "Что означает, что губитель находился внутри потопа и умерщвлял, в духовной работе"

Когда человек смиряет себя и работает выше знания – это называется принижением, т.е. он принижает свое знание и говорит, что знание его ничего не значит. Т.е., как сказано выше, знание человека обязывает его и, если Творец дает ему по всем потребностям, согласно тому, что, по понятиям желания получать, ему полагается – тогда человек любит Его. А если нет – не может он принизить себя и сказать, что знание его ничего не стоит. Наоборот, человек отдаляется тогда от Творца и говорит, что не стоит работать на Творца, если Творец не наполняет его желание. Выходит, что такой человек называется гордецом, так как хочет понять пути Творца, понять, в чем Он называется Добрым и Творящим добро – если тело не получает того, что требует. И о таком гордеце говорит Творец: «Не можем Я и он обитать в одном жилище». С другой стороны, если он принижает себя и говорит, что не в силах понять пути Творца, и говорит то, к чему обязывает знание его – он ничего не стоит. А когда он идет выше знания, это называется принижением, и о нем сказано: «Возвышен Творец, и низкий увидит Его». И он удостаивается того, что Творец приближает его к Себе.

67. Бааль Сулам. Шамати 34.
"Преимущество земли – во всем"

Видно отличие между тем, к чему обязывает человека разум и к чему обязывает вера, и в чем же причина того, что основываясь на вере, человек обязан постоянно помнить форму веры, иначе упадет с достигнутой ступени в состояние грешника. Эти состояния могут меняться по много раз в день, когда человек падает со своей ступени, ведь невозможно, чтобы за целый день ни на мгновение не прервалась в нем вера выше знания.

Причина же того, что вера забывается — в том, что вера выше знания и разума противостоит всем желаниям тела. А поскольку желания тела происходят из самой его природы, называемой «желание насладиться», как в разуме, так и в сердце, поэтому тело постоянно тянет человека к своей природе. И только когда человек предан своей вере, эта вера дает ему силы выйти из власти желаний тела и идти выше знания, то есть против понимания тела.

68. Бааль Сулам. Шамати 108. "Если оставишь Меня на день, на два дня оставлю тебя"

Как только в очередной раз ощущает некоторое отступление от духовного пути и должен начать сначала свое сближение с Творцом, что называется, был в духовном падении, выходе из духовного, и начинает духовный подъем, вход в духовное (что повторяется с ним множество раз), он должен сказать своему телу: «Знай, что я желаю войти в духовную работу и мои намерения только отдавать, а не получать ничего, и нечего тебе надеяться, что ты хоть что-нибудь получишь за свои усилия, а знай, что все уйдет только на отдачу».

А если тело спрашивает: «Что будет мне от этой работы?», то есть «А кто вообще получает плоды этой работы, на которую я должен отдать столько сил?», или спрашивает еще более просто: «Ради кого я должен так тяжело работать?», то необходимо ответить ему, что я верю мудрецам, которые постигли и передали мне, что я должен верить простой верой, верой выше знания, что Творец заповедовал нам принять на себя веру в то, что Он велел нам выполнять Тору и заповеди. И должен человек верить в то, что есть у Творца наслаждение от того, что мы выполняем Тору и заповеди верой выше знания, и радоваться, что своей работой доставляет наслаждение Творцу.

В итоге, мы видим, что есть здесь четыре условия:

1. Верить в мудрецов, что они передали нам истину.

2. Верить в то, что Творец заповедал выполнять Тору и заповеди только верой выше знания.

3. Есть радость Творцу от того, что создания выполняют Тору и заповеди на основе веры.

4. Человек должен получать радость

и наслаждение от того, что он удостоился радовать Творца, и величина и важность работы человека измеряется мерой веселья, ощущаемого человеком во время его работы, что зависит от меры веры человека в эти четыре условия.

69. Рабаш. Статья 23 (1990) "Что означает, что Моше затруднялся в определении новолуния, в духовной работе"

как сказано – «потому что Ты – скрывающийся Творец». Это значит, что Творец скрыт от нас, а нам дана заповедь веры, верить в Творца, что Он управляет миром управлением добрым и несущим добро.

И когда человек начинает смотреть на творение, он полон сомнений, потому что добрый и творящий добро не раскрывается в мире, и он должен верить выше разума, что управление Творца – доброе и несущее добро. И хотя это ему не раскрыто, он должен сказать – «есть у них глаза, да не видят».

Поэтому, когда человек начинает принимать на себя бремя небесного царства, к нему немедленно приходят чуждые мысли, и отдаляют человека от работы Творца. И как бы человек не преодолевал эти отдаляющие его мысли, они крутятся в его сердце и мозге. И человек думает: «И хотя сейчас я не в силах преодолеть эти чуждые мысли, но я жду случая, когда у меня будет большая важность Торы и заповедей, и тогда у меня будут силы их преодолеть». А пока человек оставляет поле боя.

А по поводу веры сказал мой отец и учитель, что она внизу по важности у человека. Поскольку человек хочет все понять и знать. И поэтому, когда человек принимает на себя веру, которая против разума, то есть, его разум не постигает этого, то тело не желает принимать на себя эту работу. И в особенности, когда это не просто работа, а когда человек идет на основе выше разума, он должен работать «всем сердцем и душой», как сказали мудрецы – «даже если отдает свою душу».

70. Рабаш. Статья 224, "Причина веры"

Причина веры – в том, что нет большего наслаждения, чем удостоиться раскрытия божественного и нисхождения Шхины.

А чтобы человек получил всё это ради отдачи, есть исправление, называемое скрытием, чтобы он занимался Торой и заповедями, даже если он не чувствует никакого наслаждения. И это называется не ради получения вознаграждения. И когда у него есть это кли, у него тотчас же раскрываются глаза, и он готов встретить лик Творца. А когда у него пробуждается желание, утверждающее, что стоит служить

Творцу ради наслаждения, он тут же падает в состояние скрытия.

И это считается состоянием смерти, т.е. до этого он был соединен с жизнью, чего он удостоился только благодаря вере. Поэтому, когда он теперь исправлен и снова начинает работать в свойстве веры, он получает назад душу своей жизни. И тогда он говорит: «Благодарю Тебя за то, что в милосердии Своем Ты возвратил мне душу мою».

И это именно когда он снова принял на себя работу в свойстве веры выше знания. Т.е. когда у него было скрытие, он говорит: «Велика вера Твоя!» Настолько велика вера, что благодаря ей он получает назад свою душу.

71. Рабаш. Статья 25 (1989), "Что означает в духовной работе: "Человек, у которого есть изъян, не приблизится"

Прежде, чем человек собирается выполнять заповедь и благословлять ее, он должен сначала принять на себя веру выше знания. Иными словами, несмотря на то, что у него пока нет ощущения важности Торы и заповедей, ему нужно верить выше своего разума в то, что они очень важны. Поскольку человек ещё не удостоился почувствовать все величие Торы и заповедей по причине исправления, называемого так, дабы не было свойства «нээма де-кисуфа» (хлеба стыда), поэтому действует скрытие на Тору и заповеди. И потому необходимо начинать работу выше знания, не считаясь с нашими ощущениями. На нас возложено говорить: «Глаза у них, да не увидят». И в мере увеличения веры в важность Торы и заповедей человек может благодарить все больше. То есть, благословение, выражаемое им Творцу, зависит от степени важности Торы и заповедей.

72. Рабаш. Статья 10 (1990) "Что означает в духовной работе, что, как сказали наши мудрецы, у царя Давида не было жизни"

Если человек верит, что он должен получить, в той же мере он ощущает хисарон. А чувствуя хисарон, он может увидеть причину того, «почему он не может исправить свой хисарон». И тогда нужно верить в сказанное мудрецами о том, что все, чего нам не хватает - это слияния, то есть уподобления по свойствам, согласно сказанному: «Как Он милосерден, так и ты будь милосерден».

Следовательно, в той мере, в которой человек верит в то, что Творец даёт всему миру все благо и добро, в той же мере и он также должен отдавать Творцу. И тогда веря, как Творец дарует изобилие всему миру, человек должен получать от этого важность и величие Творца. Это подобно тому, как мы встречаем важного человека в нашем мире: считается для нас большой наградой, если нам посчастливится услужить важным людям. От самой услуги человек получает удовольствие и наслаждение, и не нуждается в никакой другой награде. Получается, что степень веры в свойстве моха (разума) определяет степень его способности работать в свойстве веры.

73. Рабаш. Статья 28 (1987) "Что значит "не прибавляйте и не убавляйте" в духовной работе"

После того, как человек приходит к ощущению важности, имеющейся в духовном, называемой: «Всегда сначала человек будет восхвалять Творца», то это время, когда он должен перейти в левую линию. Т.е. сделать проверку, как он ощущает действительно внутри знания важность Царя. Готов ли он на самом деле работать только ради Творца? И когда он видит внутри знания, что наг и бессилен – это состояние, когда он ценит важность духовного, но все это не внутри, а выше знания. Этот расчет может породить в нем ощущение недостатка и боль от того, что он находится в низменных устремлениях, и у него есть возможность вознести истинную молитву из глубины сердца о том, что ему не хватает.

74. Рабаш. Статья 7 (1991),
"Что такое "человек" и что такое
"животное" в духовной работе"

Именно те, кто хотят идти путем отдачи, ощущают свою опустошенность, и нуждаются в величии Творца. Они могут наполнить эту свою пустоту именно величием, что означает быть полными заповедей в мере их просьбы к Творцу, чтобы дал им силы, чтобы смогли идти выше знания, что и называется величием. То есть, они просят, чтобы Творец дал им силы в величии, что означает выше разума – в величии и важности

Творца. И не хотят, чтобы Творец дал им это постичь, то есть они желают смирить себя – смирить без условий, и только просят помощи Творца. В этой мере они могут наполнить заповедями пустое место.

75. Рабаш. Статья 19 (1990), "Что означает, что Тора называется средней линией, в духовной работе - 2"

Сказали мудрецы: "Сказал Творец: «Я создал злое начало, Я создал Тору приправу». Получается, что Тора, которой он сейчас занимается, станет приправой, т.е. при помощи Торы он сможет преодолеть зло и идти путем милосердия, который называется «ямин» (ивр. правильный, правый). В связи с этим можно сказать, что Тора была дана в «ямин», т.е. названа по имени действия. Другими словами, она готовит человека идти по правильному пути, в правой линии. И это называется «первым свойством в Торе», где «правой» называется «совершенство», когда он не ощущает никакого недостатка.

А второе свойство Торы называется левым, свойством "«хохма», мудростью Торы. Т.е. после того, как уже есть у него правое свойство Торы, хесед (милосердие), т.е. вера выше знания, и он верит в то, что Творец управляет миром в свойстве доброго и творящего добро, то он удостаивается и свойства Дающего Тору, называемого мудростью Торы, как сказано "свет из мудрости был выпущен(?)"

Т.е. после того, как человек верит, что есть Дающий Тору, тогда он может удостоиться Торы. И известно, что Тора - это выход из мудрости. И это свойство можно назвать левым. Т.е. оно приходит после того, как человек удостоился правого свойства, веры выше знания - хасадим мехусим (покрытые хасадим)

76. Рабаш. Статья 11 (1990),
"Что означает в духовной работе,
что ханукальный светильник
ставится слева от входа"

Мы видим, что вся основа построена только на вере, что только при помощи веры мы можем выйти из изгнания. И не считаться с нашим знанием, хотя человека в основном оценивают по его знанию. Однако то, что знание человека позволяет ему видеть свое истинное состояние, это дает ему возможность идти выше знания, т.е. видеть, что выше знания человек не может идти без помощи Творца.

Ведь если он видит со стороны разума, что может идти вперед, то он не нуждается в помощи Творца. Главное, что требуется от человека - это достичь своего совершенства, т.е. удостоиться свойства НАРАНХА"Й своей души. Это приходит именно благодаря тому, что человек нуждается в Творце, как сказано "Приходящему очиститься помогают". И сказано в Зоаре: "Чем помогают? - Святой душой. Человеку при рождении дают душу-нефеш со стороны чистоты. А когда удостаивается большего, тогда дают ему руах"

Поэтому это великая вещь, если человек нуждается в Творце, чтобы помог ему. Потому что спасение заключается в том, что человек получает все большие силы свыше. И благодаря тому, что получает каждый раз новую силу, т.е. новую душу, - до тех пор, пока не получает все свойства НАРАНХА"Й, соответствующие корню его души.

Получается, что чудом называется то, чего человек не может достичь самостоятельно, а должно быть чудо свыше. Только в таком виде это называется чудом.

77. Рабаш. Статья 22 (1989), "Что означает, что именно в канун Песаха задают четыре вопроса"

Сокращение и скрытие произошли для пользы нижнего. В таком случае, нечего задавать вопросы об управлении, почему Творец ведет себя с нами таким образом, как это предстает перед нами, и мы не видим блага и страдаем от изгнания и нищеты и т.п. Т.е. у каждого есть претензии к Творцу, почему Он управляет в неявном для нас виде, и это только благо.

Поэтому нельзя злословить об управлении Творца и о том, как Он управляет творениями, а мы должны верить верой выше знания, что именно так, как это предстает перед нами, так это и должно быть, а в том, что мы чувствуем, мы должны идти путем Торы, как указали нам мудрецы, как следует держать себя в отношении всех тех чувств, которые мы испытываем, говоря о них в вере выше знания, что «есть глаза у них, но не увидят они».

78. Рабаш. Статья 6 (1990), "Когда человек должен пользоваться гордостью в духовной работе"

Когда человек начинает входить в работу Творца на пути истины, он должен принять на себя ярмо веры выше знания. Даже если все народы мира в его теле смеются над ним, он должен освящать Творца перед другими народами, находящимися в нем, и говорить им, что он верит в Творца и желает служить Ему всем сердцем и всей душой. И даже если они не согласны с ним, он способен им сказать, что принимает на себя (обязательство) любить Творца. И пусть у него нет никакого ощущения в том, что он произносит устами, все же, человек не должен удивляться тому, что органы его тела не согласны с его мнением. А он делает то, что в его силах: словами и поступками он может действовать по принуждению. И пусть даже он не испытывает в этом никакого ощущения, все таки он действует, исходя из свойства «иттарута делетата» (пробуждения снизу).

79. Рабаш, Статья 6 (1990), "Когда человек должен использовать гордость в работе"

Когда человек занимается малхут небес, он должен принять на себя свойство веры выше знания. То есть, когда тело не согласно с этим, приводя ему множество доводов, по которым сейчас не время этим заниматься, и предъявляет ему свидетельства других людей, которые не обращают внимание на эту работу в вере в Творца выше знания. На это он должен сказать: «Да возгордится сердце его на путях Творца», и он ни на кого не смотрит, а полон решительности и уверен, что таков истинный путь, и ему не на кого смотреть, и нечего слушать, что его тело говорит ему - «иди, посмотри на других людей, что они имеют , и как много они понимают в работе Творца». И об этом сказано «да возгордится его сердце», гордясь тем, что он понимает больше всех.

Однако занимаясь Торой и заповедями, он видит, что не имеет никакого понятия в том, что он учит или о чем молится, так что ему нельзя ощущать гордыню, говоря - если он и так ничего не понимает, зачем ему просто так заглядывать в книги. Ведь он ничего не смыслит в Торе и заповедях. И потому ему следует оставаться в приниженном состоянии, как сказано мудрецами: «Будь очень очень скромным». Иными словами, человек должен быть скромен и говорить - какая бы зацепка у меня ни была, я все равно ощущаю радость, поскольку вижу, у скольких людей нет вообще никакой опоры в духовном. Поэтому в таком случае он обязан чувствовать, что ничего не заслужил, и пребывать в радости.

80. Бааль Сулам. Шамати 59, "Посох и Змей"

Творец спросил Моше: «Что это в руке твоей?» «Рука» означает постижение, ведь иметь в руках — это значит достигнуть и получить. И ответил: «Посох» (на иврите: матэ). Это значит, что все его достижения построены на вещах низких (ивр. мата) по своему значению и важности — то есть на «вере выше знания». Ведь вера в глазах здравого человека является чем-то неважным и низким. Он уважает все, базирующееся на знании и фактах, то есть в глазах человека важна «вера внутри знания».

Если же разум человека не в состоянии постичь чего-то, или постигаемое противоречит его пониманию, то он должен сказать, что вера для него важнее и выше его знания, понимания, осознания.

Получается, что этим он умаляет значение своего разума и говорит, что, если его понятия противоречат пути Творца, то вера для него важнее, выше знания. Потому что все, что противоречит пути Творца, не стоит ничего, не имеет никакой важности в его глазах, как сказано: «Глаза у них — да не увидят, уши у них — да не услышат». То есть человек аннулирует все, что видит и слышит, все, что не согласуется с путем Творца. И это называется идти «верой выше знания». Но это выглядит в глазах человека как низкое, неважное, недоразвитое и незрелое состояние.

Тогда как у Творца вера не расценивается как неважное состояние. Это только человеку, не имеющему иной возможности и обязанному идти путем веры, вера кажется неважной. Но Творец мог бы воцарить свое Божественное присутствие (свою Шхину) не на деревьях и камнях. Однако выбрал Он за основу именно путь «веры вопреки знанию», потому что это наилучшее для духовного пути. Поэтому для Творца вера не является неважной, наоборот, именно у этого пути есть многочисленные преимущества. Но у творений это считается низменным.

81. Бааль Сулам. Шамати 59, "Посох и Змей"

Сами неудачи вновь приводят человека к принятию на себя работы на все новых ступенях «веры выше знания».

Поэтому сказал Моше: «Но они не поверят мне», — то есть не пожелают принять путь веры выше знания. Но ответил ему Творец: «Что это в руке твоей?» — «Посох» — «Брось его на землю» — и сразу посох обратился в

Змея. То есть между Посохом и Змеем нет никакого среднего состояния. И это для того, чтобы человек мог точно знать в каком состоянии, в святом или нечистом, он находится.

Получается, что нет иного пути, кроме как принять на себя путь веры выше знания, называемый Посох. И посох тот должен быть в руке, и нельзя бросать его на землю. Поэтому сказано: «И расцвел посох Аарона» — ведь весь расцвет, которого удостоился в работе Творца, был именно на основе посоха Аарона.

И это для того, чтобы служило нам признаком, идет человек правильным путем или нет, возможностью узнать, какова основа его духовной работы: выше или ниже знания. Если основа его — Посох, то находится на пути исправления и святости, а если основа его внутри знания, то не сможет достичь святости.

82. Бааль Сулам. Шамати 238,
"Счастлив человек, не забывающий
Тебя, и сын человеческий,
вкладывающий силы в Тебя"

«Счастлив человек, не забывающий Тебя и прилагающий усилия ради Тебя» (из молитвы). В то время, когда человек идет «в белом свете» (в раскрытии), он всегда должен помнить, что удостоился всего только благодаря тому, что согласился принять на себя состояние «черноты». И должен прикладывать свои усилия именно «ради Тебя», чтобы держаться за Творца, как сказано: «Все верят в то, что Он — Бог веры». И хотя человек не видит сейчас никакой необходимости работать в вере, так как все раскрыто перед ним — но все же обязан верить выше знания, что есть еще возможность укрепиться в вере.

И в этом смысл сказанного: «И увидел Исраэль силу великую... и уверовали они в Творца» (Шмот). То есть, несмотря на то, что удостоились «увидеть», получив «зрение», но все же была у них сила опираться на веру.

А для этого необходимо приложить особые усилия, чтобы не упасть со своей ступени, подобно «Ливни и Шими» (Шмот 6:17). Ведь иначе получится, что только во время какого-то просветления смогут они слушаться Торы и заповедей, словно это необходимое условие. Тогда как должны слушаться ее без всяких условий. Поэтому во время просветления человеку нужно позаботиться о том, чтобы не повредить своей готовности идти в темноте. И достаточно тому, кто понимает.

83. Рабаш. Статья 10 (1985),
"И вышел Яаков"

"Выход праведника из места оставляет след". Подразумевается здесь, что когда "праведник в городе", т. е. когда человек может оправдать это управление, когда преодолевает состояние, в котором находится, и говорит: "Конечно же, Творец добр и справедлив, а отношение Его ко мне - это добро и справедливость, и желает Он, чтобы я чувствовал именно то, что я чувствую." Выходит, что он оправдывает управление, и тогда сразу же видит важность альтруистической работы - работы выше знания, и это называется, что "когда праведник в городе, он - величие его, сияние его, красота его", что тогда все эти достоинства - он.

"Вышел оттуда", т. е. вышел из того состояния, когда оправдывал управление, и теперь желает воспринимать всё своим знанием, поэтому не ощущает никакого вкуса в альтруистической работе. Тогда оставил Величие, оставил сияние, оставил красоту и снова упал в себялюбие - это означает, что нет у него никакого постижения, а всё построено только на том, что известно, и в собственном знании. И это означает, что "выход праведника из места оставляет след". Когда посредством выхода праведника, т. е. когда запала мысль, что сейчас я чувствую вкус к Торе и молитвам, и нет мне необходимости работать "верой выше знания", - это вызывает выход праведника из места и оставляет след, чтоб знал с сегодняшнего дня, как беречь себя от того, чтобы не оставлять работу выше знания. Бааль Сулам сказал: "Когда человек говорит, что есть у меня на сегодняшний день опора, и не нахожусь я между небом и землёй, то тогда человек обязательно "упадёт" с этой "ступени", потому что тем самым вредит своей работе - вере выше знания". И поэтому только в падении, когда "свет выходит", - он оставляет след, посредством которого человек узнаёт ещё раз, как остерегаться и не навредить работе в "вере выше знания", а постоянно оправдывать высшее управление.

> **84.** Бааль Сулам. Шамати 5. "Лишма – это пробуждение свыше, и почему нужно пробуждение снизу"

Когда вор, то есть желание получать, не ощущает наслаждения в нашей работе по принятию на себя свойства отдачи, то, когда человек работает в вере выше разума и заставляет себя, его эгоизм привыкает к этой работе против эгоистического желания насладиться, и возникает в человеке возможность перейти к такому виду работы, где его целью станет услаждение Творца, поскольку основное, что требуется от человека, — это чтобы вследствие своих усилий, он достиг слияния с Творцом, то есть достиг совпадения свойств, и все его действия также были на отдачу.

О таком состоянии сказано: «Вот тогда усладишься Творцом!», где «вот тогда» означает, что в начале работы не может человек ощущать никаких наслаждений, а наоборот, вся его работа совершается в усилии вопреки желанию тела.

Когда человек уже приучил себя работать ради отдачи и не смотреть на себя, [проверяя,] ощущает ли он вкус в духовной работе, а он верит, что работает, чтобы своей работой доставлять наслаждение Творцу. И человек должен верить, что Творец принимает работу нижних, не важно, велика ли она и какова ее форма. И из всего Творец смотрит лишь на намерение, и от этого есть наслаждение Творцу. Тогда человек удостаивается наслаждения, [направленного] «на Творца». Т.е. чтобы уже в момент работы Творца он также ощущал благо и наслаждение, ведь сейчас человек действительно работает для Творца, ибо усилие, произведенное им во время работы по принуждению, готовит человека к тому, чтобы он мог работать действительно ради Творца. Получается, что и тогда тоже наслаждение, которое он получает [направлено] «на Творца», т.е. именно к Творцу.

85. Рабаш. Статья 431,
"Обувь для ноги его"

Если человек снимает свой башмак и хочет знать и понимать своим разумом, не потому что он желает идти путями внешнего разума, а для того чтобы увидеть высшее управление – насколько они скрыто от него и полно противоречий для внешнего разума – он делает это, чтобы упрочить исполнение, т.е. чтобы его вера была устойчивой. И тогда он может сделать всё по высшему решению, т.е. чтобы он смог исполнять Тору и заповеди в плане «закона», означающего «решение Я вынес, и нельзя в нем сомневаться» , пытаясь понять его разумом. А следует принять всё в плане веры выше знания, т.е. чтобы он понял, что вера противоречит знанию.

А если у него нет знания, которое бы понимало это иначе, это не называется против знания, а называется тоже «внутри знания». Тогда как, когда он снимает башмак, и шпионит 'мерагель', чтобы увидеть, что может сказать разум об этих местах, т.е. в местах, где разум заставляет думать иначе, чем говорит вера, – тогда получается, что вера идет вразрез со знанием.

И только это называется простой верой, и только простая вера заставляет его быть работником Творца – но не разум. Получается, что то, что он снял башмак, это было только, чтобы упрочить поддержку веры, и чтобы быть уверенным, что вся его работа – только потому, что он «поступает согласно высшему решению», называемому «законом», и это дарует ему вечную жизнь.

86. Рабаш. Статья 572, "Два усилия"

Порядок работы в Торе и заповедях, когда человек хочет заниматься [работой] ради Творца, таков, что нужно бороться и победить злое начало. Ведь в природе человека прилагать усилия, когда от этого будет выгода для него самого, а когда он видит, что из этого не будет никакой выгоды для него, он работать не в состоянии. И [злое начало] выдвигает свои доводы, спрашивая: «Что это за работа у вас?» – т.е. какая выгода будет от того, что он прилагает усилия?

А когда человек преодолевает его, и говорит, что желает работать против [своей] природы, т.е. отдавать Творцу, злое начало является с другим доводом и задает вопрос Фараона-грешника: «Кто такой Творец, чтобы я его слушался?» Можно работать на благо ближнего только там, где мне известно, что ближний принимает [мои] усилия.

Иное дело, если у него есть два вида усилий:

1. Что он должен преодолевать себя и идти против [своей] природы, работая не ради собственной выгоды, а ради пользы ближнего, т.е. ради небес.

2. Что нужно верить, что Творец принимает его усилия.

И эти два вопроса являются главными в доводах грешника...

А преодолеть вышеупомянутые вопросы можно только силой веры, суть которой выше знания. Т.е. следует отвечать грешнику, что в плане разума есть место тому, что он спрашивает, однако выше разума, т.е. в свойстве веры, когда он верит словам мудрецов, что путь – только ради небес, т.е. когда человек прилагает всю свою энергию и усилия ради небес, и в этом вся его цель, и ради этой цели был создан мир, как сказали наши мудрецы: «Весь мир был создан только ради этого», т.е. ради трепета перед небесами.

Поэтому, когда он отвечает грешнику, что он идет выше знания, т.е. против разума, разум уже не может задавать никакие каверзные вопросы, ведь все вопросы задаются внутри разума. В то же время выше разума нет места для вопросов.

87. Бааль Сулам. Шамати 41.
"Малая и большая вера"

Неправильно думать, что свет веры — это малый свет. Ведь малый свет или большой — это зависит только от получающих. Когда человек не работает на правильном пути, он думает, что есть у него такая большая вера, что может поделиться ею со многими людьми. Тогда и они будут такими же совершенными, как он. Но тот, кто желает работать на Творца истинным путем, каждый раз проверяет себя, действительно ли он готов отдать всего себя Творцу, «от всего сердца». И тогда он обнаруживает, что всегда ему недостает веры. То есть всегда находит недостатки в своей вере. И только если есть у него вера, он может ощутить себя находящимся перед Творцом. А когда ощущает величие Творца, то может раскрыть любовь к Нему с обеих сторон: с хорошей стороны и со стороны строгого суда. Вот почему, просящий истины нуждается в свете веры. И если такой человек слышит или видит какую-либо возможность получить свет веры, то радуется, будто нашел большой клад.

88. Рабаш. Статья 794.
"Место постижения"

ГАР - это свойство моха (разума), там нужно находиться только в вере. И надо верить, что таково желание Творца. ВАК - это свойство либа (сердца), то есть это впечатление в сердце, которое известно своим свойством любви и трепета. И это должно быть в ясном постижении, то есть впечатление должно быть в раскрытии, а не в вере. И по мере того, как его впечатления ощущаются в сердце, в той же мере определяется его постижение. И тут он обязан расширять свои ощущения. Однако в свойстве моха его величие зависит от того, насколько он может работать в свойстве выше знания. Следовательно, тут две противоположности. Если свойство моха в нем находится выше знания, и впечатления от ощущения в сердце находятся в моха, это и называется величием. То есть с одной стороны, он выше постижения, но все же он чувствует это в сердце, в ощущении. От этого и зависит мера его величия - от степени противоположности между моха и либа, ведь он должен преодолевать это в свойстве веры выше знания. А либа как раз находится внутри знания, то есть в ощущении.

89. Рабаш. Статья 28 (1990). Что значит: "Предостеречь больших от малых" в духовной работе

Хоть вся основа и должна строиться на сути веры, но вместе с тем нам даны разум и знание, чтобы осознавать любую вещь собственным умом. Следовательно, вера противоположна нашей природе, согласно которой мы можем следовать разуму и не совершать глупости. Получается, с одной стороны, человека обучают идти разумным путем, и таким же образом вести себя с другими людьми. Но когда человек начинает выполнять Тору и заповеди, ему говорят - хоть человек и должен следовать разуму, тем не менее, в отношении Творца нам дана вера, и мы обязаны верить мудрецам, идя именно таким путём, хоть он и противоречит разуму, как сказано, «И поверили они в Творца и в Моше, раба Его». То есть мы должны верить в то, что говорят нам мудрецы, не оглядываясь на свой разум. Однако это противоположно нашему разуму, и потому мы испытываем подъемы и падения. Иными словами, иногда мы способны верить в слова мудрецов и представлять себе истину и веру, когда вера в таком случае на самом деле вера, без примеси разума, и все в ней противоречит нашему сознанию и пониманию. И потому это называется «истинной верой» или «простой верой», в которой нечего понимать, а все в ней выше знания.

90. Бааль Сулам. Шамати
22. "Тора «лишма»"

Изучение должно привести его только к одному — к вере. А вера называется «единственной заповедью», «склоняющей к заслугам чашу весов суда над всем миром».

Вера называется также «действием», потому что всякий, совершающий что-либо, должен иметь на то причину, обязывающую совершить это действие согласно знанию. И это как бы общее между разумом и действием.

Но если речь идет о том, что выше знания, когда знание не позволяет человеку совершить действие, а совсем наоборот, то нужно признать, что в таком действии совершенно нет разума, а одно только действие. И в этом смысл сказанного: «Совершивший одну заповедь, счастлив, что склонил себя и весь мир к чаше заслуг», что означает — «велико учение, ведущее к действию», то есть к действию без знания, называемому «выше знания».

91. Бааль Сулам. Шамати 34.
"Преимущество земли – во всем"

Все, что нам представляется — послано нам Творцом для того, чтобы мы ощутили это так, как ощущаем, потому что это и есть пути достижения цели творения.

Но не просто достичь слияния с Творцом и необходимо приложить большие усилия, чтобы удостоиться ощутить наслаждение и благо. А до этого обязан человек оправдывать Высшее управление и верить выше своего разума, что Творец управляет всеми творениями только добром и для их добра. Только видно и ощущаемо это лишь достигающими цели творения, а не достигшие этого ощущают обратное, как сказано: «Глаза их, да не увидят, уши их, да не услышат».

Сказано мудрецами: «Хавакук установил один принцип — праведник живет своей верой». То есть человеку нет необходимости заниматься частностями, а все свое внимание и усилия он должен сосредоточить на одном важном условии — достижении веры в Творца. И об этом он должен просить Творца — чтобы Творец помог ему идти верой выше знания. Поскольку есть в вере чудесное свойство, с помощью которого человек начинает ненавидеть отдаление, то есть вера косвенно вызывает в человеке ненависть к отдалению от Творца.

92. Бааль Сулам. Шамати 30.
"Главное - желать отдавать"

Силы веры достаточно, чтобы человек смог работать на отдачу, то есть, чтобы смог верить, что Творец принимает его работу, и даже если ему кажется, что его работа не столь важна, все равно Творец получает все. Все работы желанны Творцу и Он принимает их, если человек посвящает свои усилия Творцу.

Но если человек желает использовать веру ради получения наслаждения, то она становится ему недостаточной, то есть возникают у него тогда сомнения в вере. Причина же в том, что получение не является истиной. Ведь на самом деле нет у человека ничего от его работы, а только Творцу идут все ее плоды. Потому эти сомнения истинны, то есть эти посторонние духовному мысли, которые сейчас возникают в его голове — справедливые возражения.

Тогда как, если человек желает использовать свою веру, чтобы идти путем отдачи, то конечно же не возникнет в нем никаких сомнений в вере. А если есть у него сомнения, то он должен знать, что наверняка не желает идти по пути отдачи, ведь для отдачи достаточно веры.

93. Бааль Сулам. Шамати 34. "Преимущество земли – во всем"

Есть большое отличие между верой и очевидным знанием.

Ведь когда дано человеку увидеть и понять, и разум обязывает человека в необходимости приложить усилие и выполнить нечто определенное, то, если решает это один раз - уже достаточно этого решения, и как решил, так и будет выполнять, потому что разум сопровождает его в каждом действии, чтобы все делал так, как разум говорит ему. И разум дает человеку понять, что необходимо решить именно так, как решает разум.

Тогда как вера является согласием через силу, против разума, когда человек преодолевает доводы своего разума и говорит, что необходимо действовать так, как обязывает его вера выше знания. Поэтому вера выше знания эффективна только в то время, когда он действует с нею, то есть когда верит, и только тогда он способен выдать усилие выше знания (разума). Но как только оставляет веру выше знания даже на мгновение, то есть хоть на миг, тут же ослабляется его вера, он немедленно прекращает заниматься Торой и духовной работой и не поможет ему то, что ранее принял на себя идти верой выше знания.

94. Бааль Сулам. Шамати 86. "И построили нищие города"

Нам необходимо знать великое правило, что духовная работа, данная нам Творцом, строится на принципе веры выше знания. И это вовсе не потому, что мы не способны на большее и вынуждены принимать все на веру. Хотя этот принцип кажется нам унизительным и нестоящим, и человек надеется, что когда-нибудь сможет освободиться от веры выше знания.

На самом же деле, это очень высокая и важная духовная ступень, бесконечно возвышенная. Нам же она кажется низкой лишь в силу нашего эгоизма. Эгоистическое желание состоит из «головы» и «тела». «Голова» — это знание, а «тело» — это получение. Поэтому все, что противоречит знанию, ощущается нами как низменное и животное.

Отсюда понятен вопрос Авраама к Творцу: «Где уверенность в том, что потомки мои обретут Святую землю (то есть выйдут в духовный мир)»? Ведь как смогут они принять веру, если это против их знания? А кто в силах идти против (выше) знания? И как же тогда получат они свет веры, от которого лишь и зависит достижение духовного совершенства?

И на это ответил ему Творец: «Знай, что будут потомки твои в изгнании».

95. Бааль Сулам. Шамати 34.
"Преимущество земли – во всем"

Прежде чем человек удостаивается келим отдачи, называемых «Слияние», он не может постоянно находиться в вере. И в то время, когда не светит ему свет веры, он видит, в каком ничтожном состоянии он находится, ниже которого нет. И это состояние является следствием несоответствия Творцу, следствием эгоистического желания. Различие свойств с Творцом и вызывает в человеке ощущение страдания, разрушая в нем все, что вложил в сближение с Творцом.

И он обнаруживает, что в то мгновение, когда исчезает в нем вера, он оказывается в еще более худшем состоянии, чем до того, как начал работать на отдачу. Вследствие этого в человеке возникает ненависть к удалению по свойствам от Творца, поскольку немедленно начинает ощущать страдания в себе, а также страдания всего мира, и не в состоянии оправдать управление Творца творениями, как абсолютно доброе и с доброй целью. И ощущает тогда, что весь мир померк для него и неоткуда прийти радости.

Поэтому, каждый раз, когда он начинает исправлять свое плохое мнение об управлении, в нем возникает ненависть к удалению от Творца. А от ощущения ненависти к отдалению от Творца, он приходит к любви сближения с Творцом. Ведь в мере ощущения страданий во время отдаления — в этой мере он сближается с Творцом.

96. Бааль Сулам. Шамати 34. "Преимущество земли – во всем"

Получается, что страдания, ощущаемые человеком, вызывают в нем осуждение управления Творца. А потому просит Творца дать ему силу веры, постичь, что Творец — «Добр и Творящий добро», и это не ради получения блага и собственного наслаждения, а чтобы не осуждать управление Творца — что вызывает в нем страдания.

То есть со своей стороны человек желает верой выше знания верить в то, что Творец управляет миром добром и для его блага. И он хочет, чтобы вера ощущалась им настолько явно, словно это доподлинное знание.

Поэтому, когда человек занимается Торой и заповедями, он желает притянуть на себя свет Творца не ради собственного наслаждения, а потому что нестерпимо ему от того, что не может оправдать управления Творца, как доброе и несущее добро. И это причиняет человеку страдания, поскольку он проклинает имя Творца, который Добр и Творит добро, но тело человека говорит ему обратное. И от этого все его страдания: ведь если находится в отдалении от Творца, то не в состоянии оправдать Его обращение с низшими. И это означает, что отдаление от Творца ненавистно ему.

И когда появляются в человеке такие страдания, Творец слышит его молитву (обращение в сердце) и приближает к Себе. И удостаивается человек сближения, поскольку ощущаемые им страдания отдаления от Творца вызывают сближение с Творцом.

О таком состоянии сказано: «Преимущество света оценивается из тьмы», а также: «Преимущество земли — во всем», где «земля» — это творение. «Во всем» — то есть вследствие преимущества, которое позволяет человеку видеть отличие между состояниями сближения и отдаления, удостаивается он слияния «во всем», потому что Творец - корень всего!

97. Бааль Сулам. Шамати 86. "И построили нищие города"

Почему остались грешники после уничтожения злого начала. А все потому, что должны были стать прахом под ногами праведников. И если бы не осталось грешников, то кто бы раскрыл ту великую истину, что путь веры не означает любовь, зависимую от вознаграждения! То есть не из страха злого начала нужно идти путем веры, а из-за любви, не зависящей от награды. И хотя уже нет больше злого начала — все равно, лишь одной верой можно удостоиться слияния с Творцом.

И еще слышал я однажды: почему нужна нам именно вера? Только из-за живущей в нас гордыни, не дающей нам принять веру. И хотя вера — это высокое и прекрасное свойство, значимость и высшее предназначение которого недоступно для понимания низших, но только в силу заключенной в нас гордыни, то есть эгоистического желания, нам представляется, что это низменное и животное действие.

А в другой раз слышал: когда мы видим, что не желаем принять веру, мы падаем с нашей ступени. И раз за разом мы поднимаемся и падаем, пока не решим в сердце, что нет другого средства, как только принять веру. И весь этот путь был лишь ради того, чтобы обрести веру. О чем и написано:

«И построили нищие города (для Израиля) Фараону».

98. Бааль Сулам. Шамати 86. "И построили нищие города"

"Построили они нищие города" — для Исраэль, а для фараона - прекрасные города Питом и Рамсес, потому что все, заработанное Исраэлем, падало к нечистым силам, к клипот. Исраэль же не видели ничего хорошего от своей работы.

И когда увеличивали сыны Исраэля свои усилия в святости, в вере и отдаче, то появлялось у них, как следствие их усилий, духовное. Но как только падали до знания и получения, так сразу же попадали во власть нечистых желаний Фараона. И тогда пришли они к окончательному решению, что рабство должно быть только в виде веры выше знания и отдачи.

Но видели они, что нет у них сил самостоятельно выйти из-под власти Фараона. Поэтому сказано: «И вскричали сыны Исраэля от этой работы», ведь испугались, что могут остаться в изгнании навсегда. И тогда «Услышан был их голос Творцом», а потому удостоились выйти из египетского изгнания.

99. Бааль Сулам. Шамати 215. "Суть веры"

Вера - это чистая работа, потому что желание насладиться не помогает в этой работе, а наоборот, сопротивляется ей. Ведь природа желания насладиться заставляет его работать только там, где оно видит и знает, но не выше знания. Поэтому слияние с Творцом возможно только верой выше знания, ведь в этом есть соответствие свойств, то есть подлинная отдача.

Потому, если основа эта непоколебима в человеке, то, даже получая добро, он принимает это как «предостережение», что в гематрии равнозначно слову Тора (указание). И должен испытывать страх и смотреть, чтобы не получать помощи и поддержки от Торы, а только от веры. И даже когда кажется ему это совершенно излишним, поскольку получает только добро, словно на вожделенной земле, все равно должен верить, что такова истина. Как сказано: «И все верят, что Творец — Бог веры», ведь только верой можно удержать достигнутый уровень.

100. Бааль Сулам. Шамати
214. "Известна во вратах"

Сказано: «Торжествуйте поля и все, что на них, пойте все деревья лесные» (Псалом 96). Отличие между полем и лесом в том, что поле дает плоды, тогда как лесные деревья не плодоносят. Поле означает Малхут, то есть принятие на себя власти Творца, что означает веру выше знания.

Но насколько велика должна быть вера? Она должна быть такой, чтобы заполняла человека, абсолютно заменяя ему знание. Такая Малхут называется «Поле, благословленное Творцом», рождающее плоды. И только так может человек достичь слияния с Творцом, потому что тогда над ним не властны никакие ограничения, ведь он во всем поднимается выше знания.

Знание же ограничивает, потому что его величиной определяется высота человека. И потому оно называется: «чужое бесплодное божество, которое не рождает плодов» — то есть «лес». Но хотя обе эти силы являются противоположными, должна быть между ними средняя: когда человек нуждается также в знании, но при условии, что не повредит своей вере выше знания.

Если же работает с помощью знания чуть лучше, чем с верой, немедленно теряет все. Поэтому обязаны быть для него вера и знание неразрывны, без всякого различия между ними. И тогда «торжествуют поля, и поют все деревья лесные», потому что этим исправляется даже «чужой бог», бывший диким, бесплодным лесом, и получает силу веры.

101. Рабаш. Статья 21 (1989), "Что означает "Пьяным не молись" в духовной работе"

Для того, чтобы была энергия для работы ради отдачи без получения какого-либо вознаграждения, и чтобы сама работа и являлась вознаграждением, нам необходимо верить в Творца. Это означает, верить в Его величие. И нужно прикладывать много сил и усилий в то, чтобы достичь веры в величие Творца. Но без веры в Его величие у нас не будет сил работать ради отдачи. То есть именно когда ощущается величие Творца, человек готов работать без всякого вознаграждения.

А награда заключается в самой работе, поскольку для него служение великому Царю приравнивается к любому богатству, которое изначально не обладает никакой ценностью по сравнению со служением Царю, когда Творец позволяет войти и служить Ему. Поэтому мы должны сосредоточить все наши мысли на том, как нам прийти к ощущению величия Творца. И тогда всё последует за этим.

102. Рабаш. Статья 21 (1989),
"Что означает "Пьяным не
молись" в духовной работе"

Действие называется "правой линией", "хесед" (милосердие). И не нужно понимать умом и интеллектом, что стоит работать ради святости, на отдачу, а надо идти выше знания, несмотря на то, что разум предстаёт с "вопросами фараона", спрашивая:

"Кто такой Творец, чтобы я слушал Его голоса?". Или задаёт "вопросы грешника": "Что вам даёт эта работа?" И на это человек им отвечает, что идёт выше знания. Это и называется "действием", поскольку он им не отвечает рационально и мудро, а отвечает он, что работает, исходя из действий, а не из разума. И от всего этого он испытывает радость, так как реализует свойство веры выше знания.

А затем, когда он удостаивается свойства хохма, он не хочет использовать его в роли опоры, говоря: "Теперь мне уже не нужно свойство веры, ведь у меня уже есть основа разума." Это называется, что "его мудрость превышает действия". Однако он принимает мудрость потому, что Творец желает, чтобы он её получил. И тогда он её принимает, но не ради себя. А если он хочет получить свойство хохма больше своих действий, то он называется "пьяным", и его молитва оскверняется.

Всё должно совершаться в знании, то есть в средней линии, чтобы левая линия не превышала правую.

> **103.** Рабаш. Статья 23 (1989), "Что означает в духовной работе: «Если проглотил марор, не исполнил долг»"

Когда человек начинает преодолевать, ему нужно верить верой мудрецов, которые сказали, что человек обязан сказать "Если не я себе, то кто поможет мне". То есть человек должен работать и достичь цели собственными силами. А когда он видит, что не способен одолеть и прилагать больше усилия, он должен верить, что молитва его оправдана, как сказано о Творце: "Ты слышишь молитву каждого", хотя человек и не видит никакого изменения, молясь Творцу о помощи, но в этом и заключается смысл "выше разума". Тем не менее, общий порядок начинается с букв алеф א (вера), тав ל (молитва), йуд¹ (усилие). "Вера", затем "усилие", и потом "молитва".

Из этого следует, что главное - это вера, так как с неё надо начинать и пользоваться ею во всех действиях, совершаемых человеком. И это означает, что все сосуды, с которыми человек работает, основываются на вере, поэтому раскрывающийся свет называется "светом веры", как и сам сосуд. Этот сосуд выстроен на основе веры мудрецов и веры в Творца, как сказано: "И поверили в Творца и в Моше, раба Его".

104. Рабаш. Статья 433, «Но не изволил Творец, Всесильный твой, слушать».

«И обратил Творец, Всесильный твой проклятие в благословение». То есть из всех обвинений, которые он предъявляет в виде претензий и требований, когда он преодолевает эти претензии выше знания, получается, что они способствуют тому, чтобы он удостоился веры выше знания. А иначе он шел бы путем Творца внутри знания. А настоящее кли, позволяющее удостоиться света Творца, как раз и находится выше смысла и знания, и это кли называется сосудом (кли) отдачи.

В то же время «внутри знания» называется сосудом (кли) получения. И на это кли произошло сокращение. Получается, что благодаря тому, что человек желает удостоиться того, чтобы Творец стал Всесильным твоим, а не чуждыми богами, тогда «и [Творец] не изволил слушать [Билама]» вообще. То есть Он говорит ему: «Я не хочу слышать, что ты говоришь». И этим Творец «и обратил ... проклятие в благословение».

105. Рабаш. Статья 31 (1989), "Суть запрета обучения Торе идолопоклонников"

Сказал мой отец и учитель, что мы должны верить в то, что этот путь веры выше знания и необходимость работать ради Творца, а не ради себя - всё это существует не по причине того, что Творец желает этого для себя. А всё это ради человека. Ведь Творец хочет нести творениям блага и наслаждения, дабы они достигли в этом совершенного удовольствия, не ощущая стыда при получении наслаждения. И поэтому был дан нам способ работы ради Него. С помощью этого мы можем получать благо и наслаждения, не ощущая никакой неловкости во время получения удовольствий, как говорилось прежде.

И дабы в нас не было чувства стыда, Он дал ещё в дополнение свойство "веры выше знания". "Поскольку если бы высшее управление было раскрыто", как говорится в Предисловии, "то не было бы никакой возможности совершать что-то на благо Творца, а всё бы обязательно совершалось ради собственной выгоды".

106. Бааль Сулам. Шамати 86.
"И построили нищие города"

Но прежде чем увидели, что находятся во власти клипот, нечистых желаний, и стало им больно и страшно, что могут остаться там навсегда, не было у них нужды обращаться к Творцу, чтобы помог им выйти из эгоизма. Ведь не ощущали вред, который приносят им эти эгоистические желания, мешающие им слиться с Творцом. А иначе, человеку важнее работа ради «знания и получения», тогда как работа в виде «веры и отдачи» кажется ему низкой и неуважаемой. А потому предпочитает «знание и получение», к которому обязывает человека его земной разум.

Поэтому Творец уготовил сынам Израиля изгнание, чтобы почувствовали, что нет у них никакого продвижения к Творцу, и вся их работа поглощается нечистыми желаниями (клипот), называемыми «Египет». И тогда увидели, что нет иного пути, как только принять на себя низкую и неуважаемую в их глазах работу в «вере выше знания» и стремление к отдаче. А иначе они останутся во власти нечистых сил.

Получается, что приняли они веру, поскольку видели, что нет иного пути, и только поэтому согласились на эту унизительную работу.

107. Рабаш. Статья 1 (1989)
"Какова мера возвращения"

Когда человеку говорят, что нужно верить выше знания, что высшее управление соответствует мере

"Добрый, Творящий добро", он говорит, что я хочу видеть, что это так. Но верить - это против понимания. Потому что понимание говорит, что то, что ты видишь, это истина, а то, что ты не видишь, - как ты можешь сказать, что это истина? И когда ему говорят, что нужно верить, он возражает: "Откуда ты знаешь, что то, во что ты веришь - истина?" И это камень преткновения тела, о который оступаются люди.

Из сказанного следует, что об этот камень спотыкаются только из-за недостатка веры. И когда человек начинает идти путём отдачи, то он обвиняет Творца, - зачем Ты сделал скрытие Твоего лика, - настолько, что мы не можем преодолеть скрытие, созданное Творцом? Чтобы мы смогли преодолеть две эти вещи, - то есть разум и сердце.

108. Бааль Сулам. Шамати
112. "Три ангела"

Приобретения Авраама были ради того, чтобы увеличить его свойство, то есть веру выше знания, с помощью которой человек действительно удостаивается всего. Получается, что он желал приобретений ради того, чтобы они засвидетельствовали, что путь верой выше знания — это истинный путь. А свидетельством тому — то, что посылаются ему свыше духовные достижения. И с помощью них он старается идти только путем веры выше знания.

Но он желает этих духовных вознаграждений не потому, что это важные духовные ступени. То есть он верит в Творца не ради того, чтобы достичь с помощью веры больших духовных постижений — а нуждается в духовных постижениях, чтобы знать, идет ли он правильным путем. Получается, что после всех больших состояний, он желает идти именно путем веры, потому что тогда он видит, что делает что-то.

www.ingramcontent.com/pod-product-compliance
Lightning Source LLC
Chambersburg PA
CBHW020908080526
44589CB00011B/502